大方廣佛華嚴經

일러두기

1. 『대방광불화엄경 강설』원문原文의 저본底本은 근세에 교정이 가장 잘 되었다고 정평이 나 있는 대만臺灣의 불타교육기금회佛陀敎育基金會에서 출판한『화엄경소초華嚴經疏鈔』본입니다.

2. 『대방광불화엄경 강설』은 실차난타實叉難陀가 695년부터 699년까지 4년에 걸쳐 번역해 낸 80권본卷本『대방광불화엄경』을 우리말로 옮기고 강설을 붙인 것입니다.

3. 『대방광불화엄경』은 애초 산스크리트에서 한역漢譯된 경전이지만 현재 산스크리트본은 소실된 상태입니다. 산스크리트를 음차한 경우 굳이 원래 소리를 표기하려고 하기보다는『표준국어대사전』이나『불교사전』등에 등재된 한자음을 사용하는 것을 원칙으로 하였습니다.

4. 경문의 한글 번역은 동국역경원본을 참고하여 그대로 또는 첨삭을 하며 의미대로 번역하고 다듬었습니다.

5. 각 품마다 내용에 따라 단락을 나누고 제목을 달았습니다. 단락의 제목은 주로 청량淸凉스님의 견해에 기초하였고 이통현李通玄장자의 견해를 참고로 하였습니다.

6. 『대방광불화엄경 강설』의 발행 순서는 한역 경전의 편재 순서를 기준으로 하였고 각 권은 단행본 한 권씩으로 출간될 예정이며 모두 80권으로 완간됩니다. 다만 80권본에 빠져 있는 「보현행원품」은 80권본 완역 및 강설 후 시리즈에 포함돼 추가될 예정입니다.

7. 『대방광불화엄경 강설』안에서 불교용어를 풀이한 것은 운허스님이 저술하고 동국역경원에서 편찬한『불교사전』을 인용하였습니다.

8. 각주의 청량스님의 소疏는 대만에서 입력한 大方廣佛華嚴經 사이트의 것을 사용하였습니다.

9. 『대방광불화엄경 강설』입법계품에 들어가는 문수지남도는 북송北宋시대 불국佛國선사가 선재동자가 53명의 선지식을 친견하여 법을 구하는 장면을 하나하나 그림으로 그린 것입니다.

대방광불화엄경 강설
제 16 권

실차난타實叉難陀 한역
무비스님 강설

서문

부처님께서 처음 정각正覺을 이루신 부다가야의 보리수나무 밑을 떠나지 않으시고 수미산 정상에 오르시었습니다. 제석천왕은 이렇게 찬탄하며 영접하셨습니다.

가섭迦葉 여래께서는 큰 자비를 구족하시니
모든 길상吉祥 가운데 가장 높으사
그 부처님께서 일찍이 이 궁전에 오셨기에
그런 까닭에 이곳이 가장 길상합니다.

구나모니拘那牟尼께서는 소견이 걸림이 없으시니
모든 길상 가운데 가장 높으사
그 부처님께서 일찍이 이 궁전에 오셨기에
그런 까닭에 이곳이 가장 길상합니다.

가라구타迦羅鳩馱께서는 금산과 같으시니
모든 길상 가운데 가장 높으사
그 부처님께서 일찍이 이 궁전에 오셨기에
그런 까닭에 이곳이 가장 길상합니다.

부처님은 이와 같이 수미산에 올라 영접을 받고 나서 다시 시방의 보살들로부터 각각 열 게송씩 1백 개의 게송으로 찬탄함을 듣습니다.

　　부처님께서 길고 긴 찬탄의 노래를 듣고 나자 드디어 화엄경 7처處 9회會의 설법 중 제3회 설법의 본론인 십주十住법문이 법혜法慧보살로부터 설해집니다. 이른바 발심주發心住와 치지주治地住와 수행주修行住와 생귀주生貴住와 구족방편주具足方便住와 정심주正心住와 불퇴주不退住와 동진주童眞住와 법왕자주法王子住와 관정주灌頂住입니다. 이것을 보살의 열 가지 머무는 곳이라 이름합니다. 이 열 가지 보살이 머무는 곳은 과거, 미래, 현재의 모든 부처님들이 모두 설하시는 것입니다.

2014년 10월 20일
신라 화엄종찰 금정산 범어사
如天 無比

대방광불화엄경 목차

대방광불화엄경 강설 제16권

十五. 십주품 十住品

대방광불화엄경 강설

제16권

十三. 승수미산정품

화엄경 7처 9회 설법 중 그동안 제2회의 십신+信법문이 끝났다. 다음은 제3회의 6품 경이다. 이제부터 본격적인 보살의 수행 단계가 시작되는데 먼저 십주+住법문이다. 십주 법문 중 그 서분序分으로서 승수미산정품昇須彌山頂品과 수미정상계찬품須彌頂上偈讚品 두 품이 있다. 승수미산정품은 부처님이 정각을 이루신 보리수나무 밑을 떠나지 아니하고 수미산 정상의 제석천궁에 올라가서 걸림이 없는 변화의 몸을 나타낸 내용이다. 그리고 제석천왕은, 이 제석천궁이 가섭 여래 등 열 분의 부처님이 다녀가신 궁전이므로 길상한 곳이라고 게송으로 찬탄한다.

1. 근본법회 根本法會

이시　여래위신력고　시방일체세계일일
爾時에 如來威神力故로 十方一切世界一一

사천하염부제중　실견여래　좌어수하　　각
四天下閻浮提中에 悉見如來가 坐於樹下어시든 各

유보살　승불신력　　이연설법　　미부자위
有菩薩이 承佛神力하고 而演說法하야 靡不自謂

항대어불
恒對於佛이러시니라

　　그때에 여래의 위신력으로 시방 일체 세계의 낱낱
사천하 염부제에서는 여래께서 나무 아래 앉아 계신 것
을 다 보았습니다. 그리고 각각 보살이 있어 부처님의
신력을 받들어 법을 연설하며, 항상 부처님을 대하고
있다고 스스로 생각하지 않는 이가 없었습니다.

　　불법의 근본 취지는 모든 사람의 진여불성은 본래로 불

19

十三. 승수미산정품제 須彌山頂品

신력성佛神力性을 가지고 있어서 인연이 부합하면 누구나 언제든지 부처님의 위신력을 천변만화로 발휘할 수 있다는 사실이다. 그러므로 경에서는 "여래의 위신력으로 시방 일체 세계의 낱낱 사천하 염부제에서는 여래께서 보리수나무 아래에 앉아 계신 것을 다 보며, 모든 보살과 모든 사람은 부처님의 위신력을 받들어 법을 연설하며, 항상 부처님을 대하고 있다고 스스로 생각한다."고 하였다. 부연하자면 그것은 곧 이 세상 어느 누구를 막론하고 불성생명의 무한한 덕성을 항상 지니고 있다는 뜻이다.

그리고 "시방 일체 세계의 낱낱 사천하 염부제에서는 여래께서 나무 아래 앉아 계신 것을 다 보았습니다."라고 한 것은 세존이 출가하여 6년을 고행하시고 보리수나무 밑에서 비로소 정각을 이루신 이 사실이 인도의 부다가야 한 곳에서만 나타난 현상이 아니라, 시방 일체 세계에는 낱낱이 사천하가 있으며 낱낱이 염부제가 있으며 낱낱이 여래가 보리수나무 아래에 앉아 있는 모습이 천백억화신으로 복사되어 다 같이 동시에 나타난 현상이라는 것이다.

2. 세존이 수미산에 오르다

이 시　세 존　불 리 일 체 보 리 수 하　이 상 승
爾時에 **世尊**이 **不離一切菩提樹下**하고 **而上昇**

수 미　향 제 석 전
須彌하사 **向帝釋殿**하신대

그때에 세존께서는 일체 보리수나무 아래를 떠나지
아니하시고 수미산에 오르시어 제석천의 궁전으로 향하
셨습니다.

그래서 모든 사람 부처님을 대표하고 있는 비로자나 여
래께서는 처음 정각을 이루신 보리수나무 아래를 떠나지 아
니하신 채로 수미산에 올라 제석궁전으로 향하였던 것이다.
모든 사람은 하루의 삶을 살아도 본래의 자기 자신을 떠나
지 아니하고 천백억화신을 나타낸다. 지옥을 가든 천당을
가든 항상 본래의 그 사람으로서 간다. 다른 사람이 내 인

생을 대신 살아 주는 것이 아니다. 사람은 무엇을 하든 언제나 본질을 벗어나지 않고 현상을 펼쳐 보이는 것이다. 그것이 곧 일체 보리수나무 아래를 떠나지 아니하시고 수미산에 오르시어 제석천의 궁전으로 향하는 소식이다.

3. 제석천왕帝釋天王이 부처님을 보다

<ruby>時<rt>시</rt></ruby>에 <ruby>天帝釋<rt>천제석</rt></ruby>이 <ruby>在妙勝殿前<rt>재묘승전전</rt></ruby>이라가 <ruby>遙見佛來<rt>요견불래</rt></ruby>하고

그때에 제석천왕이 묘승전妙勝殿 앞에 있다가 멀리 부처님이 오시는 것을 보았습니다.

수미산 정상에 제석천이 있고 그 제석천에 천왕이 있어서 부처님이 오시는 것을 알고 묘승전이라는 궁전 앞에 나와 기다리면서 부처님을 마중하는 모습을 그렸다.

4. 사자좌의 장엄

즉 이 신 력　　 장 엄 차 전　　 치 보 광 명 장 사 자
卽以神力으로 **莊嚴此殿**하고 **置普光明藏獅子**

지 좌　　 기 좌　　실 이 묘 보 소 성
之座하니 **其座**가 **悉以妙寶所成**이라

　제석천왕은 곧 신력으로써 이 궁전을 아름답게 꾸미고 보광명장普光明藏 사자좌를 베풀어 놓았습니다. 그 사자좌는 모두 아름다운 보배로 이루어져 있었습니다.

십 천 층 급　　 형 극 장 엄　　 십 천 금 망　　 미 부
十千層級으로 **逈極莊嚴**하고 **十千金網**으로 **彌覆**

기 상　　십 천 종 장　십 천 종 개　주 회 간 열　　십
其上하고 **十千種帳**과 **十千種蓋**로 **周廻間列**하고 **十**

천 증 기　이 위 수 대　　십 천 주 영　　주 변 교 락
千繒綺로 **以爲垂帶**하고 **十千珠瓔**으로 **周徧交絡**하고

십 천 의 복　　부 포 좌 상　　십 천 천 자　　십 천 범 왕
十千衣服으로 敷布座上하고 十千天子와 十千梵王이

전 후 위 요　　십 천 광 명　　이 위 조 요
前後圍繞하고 十千光明이 而爲照耀러라

　　일만 층으로 흰칠하게 장엄하였고, 일만의 금으로 된
그물로 그 위를 덮었고, 일만 가지의 휘장과 일만 가지
의 일산으로 사이사이 두루두루 벌려 놓았으며, 일만의
비단으로 띠를 드리우고, 일만의 진주영락으로 두루 엮
어졌으며, 일만의 의복으로 자리 위에 펴서 깔았으며,
일만의 천자天子와 일만의 범왕梵王이 앞뒤로 둘러싸고,
일만의 광명이 비쳐서 찬란하였습니다.

　　부처님이 보살행을 닦을 때 여러 가지 수행을 빠짐없이
닦기 때문에 보살만행萬行이라고 한다. 일일이 일만[十千]이라
고 한 것은 그와 같은 만 가지 인행因行을 닦아 얻은 것을 밝
혔다. 보살만행을 닦은 사람이라야 이와 같이 아름다운 사
자좌에 오를 수 있다. 그런데 요즘에는 누구나 사자좌에 올
라가서 주장자를 휘두르며 일구법문一句法門을 거침없이 토
한다. 범어사에 계셨던 필자의 노스님, 지효智曉스님께서는

누구보다도 수행을 철저히 하셨으나 평생에 단 한 번도 법상에 오르지 않았으므로 법 앞에 무서울 정도로 겸손하신 미덕을 남기셨다.

5. 제석천왕이 부처님을 청하다

이시 제석 봉위여래 부차좌이 곡궁
爾時에 帝釋이 奉爲如來하야 敷置座已에 曲躬

합장 공경향불 이작시언 선래세존
合掌하고 恭敬向佛하야 而作是言호대 善來世尊이시여

선래선서 선래여래응정등각 유원애민
善來善逝시여 善來如來應正等覺이시여 唯願哀愍

처 차 궁 전
하사 處此宮殿하소서

　그때에 제석천왕이 여래를 받들어 자리를 펴 놓고
허리를 굽혀 합장하고 부처님을 향하여 공경히 이렇게
말하였습니다. "잘 오셨습니다, 세존이시여. 잘 오셨습
니다, 선서善逝시여. 잘 오셨습니다, 여래如來, 응공應供,
정등각正等覺이시여. 오직 원하옵니다. 저희들을 불쌍히
여기시어 이 궁전에 계시옵소서."

제석천왕이 여래를 받들어 사자좌에 모시면서 세존, 선서, 여래, 응공, 정등각이라는 존칭을 사용하여 부처님을 영접하였다. 부처님은 여래십호+號라고 하여 열 가지 이름으로 그 덕을 표현한다. 하지만 열 가지 이름을 다 열거하면 너무 장황하여 격에 맞지 않다. 어른을 모실 때도 적절한 존칭을 사용해야 한다. 추사秋史선생이 백파白坡스님의 비문을 부탁받고 쓴 글이 '화엄종주 백파대율사 대기대용지비華嚴宗主 白坡大律師 大機大用之碑'이다. 이 비문을 두고 지금까지도 설왕설래하는 이유가 바로 그것이다.

6. 시방세계도 이와 같다

이 시 세 존   즉 수 기 청   입 묘 승 전   시 방
爾時世尊이 卽受其請하사 入妙勝殿하시니 十方
일 체 제 세 계 중   실 역 여 시
一切諸世界中에도 悉亦如是하니라

그때에 세존이 곧 그 청을 받으시고 묘승전에 들어가시니 시방의 일체 세계 가운데서도 다 또한 이와 같이 하였습니다.

부처님은 이 세상 모든 것이다. 그러므로 일거수일투족을 세상과 함께한다. 부처님이 제석천왕의 청을 받으시고 묘승전에 들어갔는데 그와 동시에 시방 일체 모든 세계에서도 이와 똑같이 하였다. 발걸음 한 번 옮길 때 이 우주도 함께 움직이는 이치이다.

7. 제석천왕이 게송을 설하다

이시 제석 이불신력 제궁전중소유악
爾時에 帝釋이 以佛神力으로 諸宮殿中所有樂

음 자연지식 즉자억념과거불소 종제선
音이 自然止息하고 卽自憶念過去佛所에 種諸善

근 이설송언
根하야 而說頌言호대

그때에 제석이 부처님의 신력으로 모든 궁전 가운데 있던 음악 소리가 자연히 그쳐 쉬게 하였습니다. 그리고 곧 과거에 부처님 계신 곳에서 모든 선근을 심었던 것을 스스로 기억하고 게송을 말하였습니다.

세존이 제석천왕의 청을 받아들여 묘승전에 들어갈 때 시방의 일체 세계에서도 동시에 이와 같은 현상이 나타나고, 또한 동시에 궁중의 음악은 저절로 그쳤다. 때를 맞추어 제석천왕은 자신이 과거에 닦은 바의 선근을 기억하고 묘승전에 지난날 다녀가신 부처님들을 한 분 한 분 열거하면서 게송으로 찬탄한다.

가 섭 여 래 구 대 비　　　제 길 상 중 최 무 상
迦葉如來具大悲하시니　**諸吉祥中最無上**이라

피 불 증 래 입 차 전　　　시 고 차 처 최 길 상
彼佛曾來入此殿이실새　**是故此處最吉祥**이니이다

가섭迦葉 여래께서는 큰 자비를 구족하시니

모든 길상吉祥 가운데 가장 높으사

그 부처님께서 일찍이 이 궁전에 오셨기에

그런 까닭에 이곳이 가장 길상합니다.

과거7불이 다녀가신 것을 소개하면서 석가모니 부처님 바로 전의 가섭 여래부터 거슬러 올라가면서 밝혔다. 가섭 여래에 대한 장아함경 중 대본경大本經의 이야기는 이렇게 되어 있다. "사람들의 평균 수명이 2만 세일 때 세상에 출현하셨으며 종성은 바라문이고 성은 가섭이다. 아버지는 범덕梵

德이고 어머니는 재주財主다. 파라나성城에 머무시면서 니구
율나무 아래에서 1회를 설법하시고 2만 명을 제도하셨다."
가섭 부처님은 과거 7불 중에서 석가모니의 바로 전 부처님
이기 때문에 다른 경전에도 자주 등장하는 부처님이다. 이러
한 가섭 여래께서 이 궁전을 다녀가셨으므로 가장 존귀하고
길상한 궁전이라고 찬탄하였다.

구 나 모 니 견 무 애
拘那牟尼見無礙하시니

제 길 상 중 최 무 상
諸吉祥中最無上이라

피 불 증 래 입 차 전
彼佛曾來入此殿이실새

시 고 차 처 최 길 상
是故此處最吉祥이니이다

구나모니拘那牟尼께서는 소견이 걸림이 없으시니

모든 길상 가운데 가장 높으사

그 부처님께서 일찍이 이 궁전에 오셨기에

그런 까닭에 이곳이 가장 길상합니다.

구나모니拘那牟尼는 구나함모니 여래다. 과거7불의 가섭
부처님 바로 전 여래시다. 구나함모니불에 대한 장아함경

중 대본경의 이야기에는 "사람들의 평균 수명이 3만 세일 때 세상에 출현하셨으며 종성은 바라문이고 성은 가섭이며 아버지는 대덕大德이고 어머니는 선승善勝이시다. 청정성에 살았으며 오잠바라문나무 아래에서 1회를 설법하시고 3만 명을 제도하셨다."라고 기록하고 있다. 구나함모니 여래께서도 이 궁전을 다녀가셨기에 가장 길상하다. 아무리 금은보화로 화려하게 궁전을 지었다 하더라도 귀한 손님이 다녀가지 않는다면 그것은 곧 천한 집이다.

가 라 구 타 여 금 산
迦羅鳩馱如金山하시니

제 길 상 중 최 무 상
諸吉祥中最無上이라

피 불 증 래 입 차 전
彼佛曾來入此殿이실새

시 고 차 처 최 길 상
是故此處最吉祥이니이다

가라구타迦羅鳩馱께서는 금산과 같으시니

모든 길상 가운데 가장 높으사

그 부처님께서 일찍이 이 궁전에 오셨기에

그런 까닭에 이곳이 가장 길상합니다.

가라구타 여래는 과거7불의 순서대로 보면 구류손 부처님과 동일한 부처님이다. 구나함모니 부처님의 바로 전 여래시다. 구류손 부처님에 대하여 장아함경 중 대본경의 이야기에는 사람들의 평균 수명이 4만 세일 때 출현하셨다고 되어 있다. 그 외에도 종성은 바라문이고 성은 가섭이며 아버지는 예득禮得이고 어머니는 선지善枝며 안화성安和城에 살았다고 하였다. 설법은 1회며 제도한 사람들의 숫자는 4만 명이라고 하였다.

비 사 부 불 무 삼 구
毘舍浮佛無三垢하시니

제 길 상 중 최 무 상
諸吉祥中最無上이라

피 불 증 래 입 차 전
彼佛曾來入此殿이실새

시 고 차 처 최 길 상
是故此處最吉祥이니이다

비사부불毘舍浮佛께서는 세 가지 때가 없으시니
모든 길상 가운데 가장 높으사
그 부처님께서 일찍이 이 궁전에 오셨기에
그런 까닭에 이곳이 가장 길상합니다.

구류손 부처님의 바로 전 여래시다. 비사부 부처님에 대한 장아함경 중 대본경의 이야기에는 사람들의 평균 수명이 6만 세일 때 세상에 출현하셨으며 종성과 성과 부모와 살던 곳과 설법의 횟수와 제도한 사람들의 숫자와 제자들의 이름이 기록되어 있다. "세 가지 때가 없다."는 것은 몸과 말과 생각의 삼업의 때가 전혀 없다는 뜻이다.

시 기 여 래 이 분 별　　　제 길 상 중 최 무 상
尸棄如來離分別하시니　諸吉祥中最無上이라

피 불 증 래 입 차 전　　　시 고 차 처 최 길 상
彼佛曾來入此殿이실새　是故此處最吉祥이니이다

시기尸棄 여래께서는 분별을 여의셨으니

모든 길상 가운데 가장 높으사

그 부처님께서 일찍이 이 궁전에 오셨기에

그런 까닭에 이곳이 가장 길상합니다.

비사부 부처님 바로 전 여래시다. 시기 여래는 과거 겁의 부처님 중에서 제2 부처님이다. 장아함경 중 대본경에는 사람들의 평균 수명이 7만 세일 때 세상에 출현하셨으며, 종성은 찰제리이고 성은 구리야며 아버지는 명상明相이고 어머니는 광요光耀며 관상성에 살았다고 하였다. 분타리나무 밑에서 3회의 설법을 하셨으며 25만 명을 제도했다고 하였다.

비 바 시 불 여 만 월　　　제 길 상 중 최 무 상
毘婆尸佛如滿月하시니　諸吉祥中最無上이라

피 불 증 래 입 차 전　　　시 고 차 처 최 길 상
彼佛曾來入此殿이실새　是故此處最吉祥이니이다

비바시불毘婆尸佛께서는 보름달과 같으니

모든 길상 가운데 가장 높으사

그 부처님께서 일찍이 이 궁전에 오셨기에

그런 까닭에 이곳이 가장 길상합니다.

비바시불은 시기 부처님 바로 전 여래로서 과거7불의 첫째 부처님이다. 장아함경의 대본경에는 비바시 부처님과 7불에 대한 설명이 있다.

"부처님이 말씀하셨다. '그대들은 여래가 숙명을 아는 지혜로써 과거 모든 부처님들의 인연을 아는 사실을 듣고 싶어하는가? 만일 그렇다면 내 말해 주리라. 비구들이여, 지금부터 91겁 전에 비바시여래지진毘婆尸如來至眞이라는 부처님이 있어 이 세상에 나오셨다. 그 다음에는 지금부터 31겁 전에 시기尸棄여래지진이라는 부처님이 있어 이 세상에 나오셨다. 비구들이여, 또 그 다음에는 31겁 중에 비사부毘舍浮여래지진이라는 부처님이 있어 세상에 나오셨다. 비구들이여, 또 그 다음에 현재의 현겁賢劫 중에는 구류손拘樓孫이라는 부처님과 구나함모니拘那含牟尼라는 부처님과 가섭迦葉이라는 부처님이 세상에 나오셨다. 그리고 나도 지금 이 현겁 중에서 가장 바른 깨달음을 이루었다.' 부처님은 다시 게송으로 말씀하셨다." 그리고 이야기를 이어 가면서 7불의 명칭과 종성과 성과 부모와 사시던 성城과 설법의 횟수와 제도한 사람들의 숫자와 제자의 이름 등등이 자세히 설명되어 있다.

불 사 명 달 제 일 의
弗沙明達第一義하시니

제 길 상 중 최 무 상
諸吉祥中最無上이라

피 불 증 래 입 차 전   시 고 차 처 최 길 상
彼佛曾來入此殿_{이실새}   **是故此處最吉祥**_{이니이다}

불사_{弗沙} 여래께서는 제일의_{第一義}를 통달하셨으니

모든 길상 가운데 가장 높으사

그 부처님께서 일찍이 이 궁전에 오셨기에

그런 까닭에 이곳이 가장 길상합니다.

불사_{弗沙} 여래는 발사_{勃沙}, 부사_{富沙}, 보사_{補沙}, 저사_{底沙} 등
으로 기록되는데 구사론 18에 "과거에 부처님이 계셨으니 명
호가 저사_{底沙}며 혹은 이름이 보사_{補沙}인데 그 부처님에게 두
명의 보살 제자가 있어서 부지런히 범행을 닦았다."라고 기
록되어 있다.

제 사 여 래 변 무 애   제 길 상 중 최 무 상
提舍如來辯無礙_{하시니}   **諸吉祥中最無上**_{이라}

피 불 증 래 입 차 전   시 고 차 처 최 길 상
彼佛曾來入此殿_{이실새}   **是故此處最吉祥**_{이니이다}

제사_{提舍} 여래께서는 변재가 걸림이 없으시니

모든 길상 가운데 가장 높으사

그 부처님께서 일찍이 이 궁전에 오셨기에

그런 까닭에 이곳이 가장 길상합니다.

　불설장아함경佛說長阿含經 제1권 대본경大本經에 "그때에 비바시 부처님에게는 두 제자가 있었다. 하나는 건다騫荼요, 둘은 제사提舍로서 모든 제자 중에서 가장 제일이었다."라고 하였다. 비바시 부처님의 제자가 성불하여 제사提舍 부처님이 되지 않았나 생각한다.

파 두 마 불 정 무 구　　제 길 상 중 최 무 상
波頭摩佛淨無垢하시니　諸吉祥中最無上이라

피 불 증 래 입 차 전　　시 고 차 처 최 길 상
彼佛曾來入此殿이실새　是故此處最吉祥이니이다

파두마불波頭摩佛께서는 청정하여 때가 없으시니

모든 길상 가운데 가장 높으사

그 부처님께서 일찍이 이 궁전에 오셨기에

그런 까닭에 이곳이 가장 길상합니다.

파두마波頭摩란 붉은 연꽃이라는 뜻이다. 부처님의 명호로는 알 길이 없다. 파두마 부처님은 그 이름의 뜻대로 "청정하여 때가 없다."고 하였다.

연 등 여 래 대 광 명　　　　제 길 상 중 최 무 상
燃燈如來大光明이시니　諸吉祥中最無上이라

피 불 증 래 입 차 전　　　　시 고 차 처 최 길 상
彼佛曾來入此殿이실새　是故此處最吉祥이니이다

연등燃燈 여래께서는 큰 광명이시니

모든 길상 가운데 가장 높으사

그 부처님께서 일찍이 이 궁전에 오셨기에

그런 까닭에 이곳이 가장 길상합니다.

연등燃燈 여래는 과거불로서 석가모니의 전생에 수기를 준 부처님이다. 정광定光 여래, 등광燈光 여래, 보광寶光 여래, 정광錠光 여래 등으로도 불린다. 과거세에 유동보살로서 보살계를 닦고 있을 때 석가모니는 스스로 부처가 되겠다는 서원을 세웠다. 그러던 중 어느 날 연등불燃燈佛이 오신다는

소식을 듣고는 길에서 기다리다가 일곱 송이의 연꽃을 부처님께 공양하였다. 연등불은 미소로써 이를 받으시고는 '그대는 미래세에 석가모니라는 부처가 될 것이다.'라는 수기를 주셨다고 한다. 혹은 연등불이 오신다는 말을 듣고는 공양물을 준비하지 못해 스스로 진흙길에 엎드려 몸을 밟고 지나가시게 하여 수기를 받았다고도 한다. 이를 연등불수기燃燈佛授記라 한다. 그래서 금강경에도 연등불이 석가모니에게 수기하신 이야기가 전한다.

8. 시방의 제석천왕들도 모두 이와 같다

여차세계중도리천왕　이여래신력고　게찬
如此世界中忉利天王이 **以如來神力故**로 **偈讚**

십불소유공덕　시방세계제석천왕　실역여
十佛所有功德하야 **十方世界諸釋天王**도 **悉亦如**

시　찬불공덕
是하야 **讚佛功德**하니라

이 세계 가운데 도리천왕이 여래의 신력으로써 열
부처님의 공덕을 게송으로 찬탄하는 것과 같이 시방세
계의 모든 제석천왕들도 다 또한 이와 같이 하여 부처
님의 공덕을 찬탄하였습니다.

도리천왕이나 제석이나 제석천왕이나 모두가 같은 뜻이
다. 열 부처님의 공덕이란 위의 게송에서 보았던 가섭불, 구
나함모니불, 가라구타, 비사부불 등을 말한다. 역시 화엄경

의 종지에 의하여 하나의 사건 속에 온 우주의 전체 사건이 다 포함된다는 '일즉일체 일체즉일一卽一切 一切卽一'과 '일중일체 일체즉일一中一切 一切卽一'이 부분 부분마다 보석처럼 빛나고 있다.

9. 궁전이 홀연히 넓어지다

이시　　세존　　입묘승전　　　결가부좌　　　차
爾時에 **世尊**이 **入妙勝殿**하사 **結跏趺坐**하시니 **此**

전　　홀연광박관용　　　여기천중　　제소주처
殿이 **忽然廣博寬容**하야 **如其天衆**의 **諸所住處**라

시방세계　　실역여시
十方世界도 **悉亦如是**하니라

　그때에 세존께서 묘승전에 들어가시어 가부좌跏趺坐
를 맺고 앉으시니, 이 궁전이 홀연히 넓어져서 그 하늘
대중들이 모두 머무는 곳과 같았으며, 시방세계에서도
다 또한 이와 같았습니다.

　제석천왕이 묘승전을 다녀가신 과거의 부처님들을 열거
하면서 찬탄하는 게송을 다 설하여 마치니 세존께서 묘승전
에 들어가서 가부좌를 맺고 앉으시었다. 그 순간 궁전은 홀

연히 넓어져서 도리천의 천중들이 머무는 곳과 같이 되었다. 즉 궁전이 도리천 전체가 되고, 도리천 전체가 묘승전이 되었다. 역시 화엄경의 종지인 일다상용一多相容과 일미진중함시방一微塵中含十方의 이치를 보여 주었다.

이렇게 해서 부처님이 도리천의 수미산 정상에 올라와서 제석천왕의 영접을 받으며 묘승전에 들어가서 가부좌를 맺고 정좌하시는 내용의 승수미산정품을 마쳤다.

승수미산정품 끝

대방광불화엄경 강설

제16권

十四. 수미정상게찬품

제3회 설법의 서론으로서 부처님이 수미산 정상에 오르
시고 나니, 다시 시방에서 각각 큰 보살이 불찰 미진수 보살
들과 함께 모여 와서 부처님의 공덕을 찬탄하는 품이다. 제
3회 설법의 본론인 십주十住법문을 설하기 위한 서막에 이와
같이 수많은 보살들이 등장하고 엄청난 노래와 연주가 시방
세계를 진동시킨다. 수미산정에 오르는 품과 수미정상게찬
품은 십주법문의 설법을 위한 사전 의식이지만 그 의식의 내
용 사이사이에 화엄경에서 전달하고자 하는 진정한 이치가
녹아 있다.

1. 보살 대중들이 모이다

이 시　　불 신 력 고　　시 방 각 유 일 대 보 살　　일 일

爾時에 **佛神力故**로 **十方各有一大菩薩**이 **一一**

각 여 불 찰 미 진 수 보 살　　구　　　종 백 불 찰 미 진 수

各與佛刹微塵數菩薩로 **俱**하사 **從百佛刹微塵數**

국 토 외 제 세 계 중　　　이 래 집 회

國土外諸世界中하야 **而來集會**하시니라

　　그때에 부처님의 신력으로 시방에 각각 한 큰 보살
이 있었습니다. 낱낱이 각각 불찰 미진수微塵數의 보살과
함께하시어, 백 불찰 미진수의 국토 밖에 있는 모든 세
계로부터 좇아와서 모였습니다.

　　불교에서는 누가 무엇을 하든 결코 빠지지 않는 이야기
가 부처님의 위신력에 의하여 이와 같은 사실이 이뤄졌다고
하는 것이다. 여기에서도 부처님의 위신력으로 시방에 각각

한 큰 보살이 있고, 그들 모두 불찰 미진수의 보살들과 함께
하여 이곳에 모여 왔다고 하였다. 그와 같은 부처님의 위신
력이란 무엇인가. 사람 사람이 본래로 가지고 타고난 진여
불성성眞如佛性性의 위신력이다. 일체 생명이 모두 가지고 태어
난 무한능력성의 위신력이다. 그것은 곧 법신부처님과 보신
부처님과 화신부처님을 다 포함하여 함께한 본래의 자성부
처님의 위신력이다. 이와 같이 법신부처님과 보신부처님과
화신부처님을 다 포함하여 함께한 사실을 부처님의 위신력
이라고 하는 것이다.

2. 열 명의 보살 이름

기 명 왈 법 혜 보 살　　일 체 혜 보 살　　승 혜 보 살
其名曰法慧菩薩과 **一切慧菩薩**과 **勝慧菩薩**과

공 덕 혜 보 살　　정 진 혜 보 살　　선 혜 보 살　　지 혜 보
功德慧菩薩과 **精進慧菩薩**과 **善慧菩薩**과 **智慧菩**

살　　진 실 혜 보 살　　무 상 혜 보 살　　견 고 혜 보 살
薩과 **眞實慧菩薩**과 **無上慧菩薩**과 **堅固慧菩薩**이요

그들의 이름은 법혜法慧보살과 일체혜一切慧보살과 승
혜勝慧보살과 공덕혜功德慧보살과 정진혜精進慧보살과 선혜
善慧보살과 지혜智慧보살과 진실혜眞實慧보살과 무상혜無上
慧보살과 견고혜堅固慧보살이었습니다.

시방에 각각 한 큰 보살이 있고 그 낱낱 보살이 각각 불
찰 미진수의 보살과 함께하였는데 시방의 대표 보살들의 이
름을 열거하였다. 시방의 대표 보살들은 모두가 '지혜 혜慧'

51

라는 글자로 이름이 지어졌다. 즉 법의 지혜, 일체의 지혜, 수승한 지혜, 공덕의 지혜, 정진의 지혜 등이다.

우리나라에 화엄경이 처음 들어온 것은 신라의 의상(義湘, 625~702)스님으로부터다. 의상스님이 당나라로부터 화엄경을 배워 온 후로 전국에 화엄십찰華嚴十刹[1]을 세워서 화엄사상을 크게 전파하였다. 그때는 60권본 화엄경이었다. 화엄경의 영향을 받아서 한 가족에게 형제가 있으면 반드시 같은 항렬의 이름을 짓는 관습이 생겨난 것이다. 이와 같이 화엄경이 들어온 이후로 우리나라 불교는 화엄불교로 자리매김하였으며 민중들의 생활에까지 화엄경의 영향이 크게 미쳤던 것이다.

---

1) 중악 팔공산 미리사美理寺, 남악 지리산 화엄사華嚴寺, 북악 태백산 부석사浮石寺, 강주 가야산 해인사海印寺, 보광사普光寺, 웅주 가야협 보원사普願寺, 계룡산 갑사岬寺, 양주 금정산 범어사梵魚寺, 비슬산 옥천사玉泉寺, 전주 모악산 국신사國神寺, 한주 부아산 청담사淸潭寺 등이다.

3. 보살들이 온 세계

소종래토　　소위인다라화세계　　파두마화
所從來土는 **所謂因陀羅華世界**와 **波頭摩華**

세계　보화세계　　우발라화세계　　금강화세계
世界와 **寶華世界**와 **優鉢羅華世界**와 **金剛華世界**와

묘향화세계　열의화세계　　아로나화세계　나
妙香華世界와 **悅意華世界**와 **阿盧那華世界**와 **那**

라타화세계　허공화세계
羅陀華世界와 **盧空華世界**라

그들이 온 국토는 인다라화因陀羅華세계와 파두마화波
頭摩華세계와 보화寶華세계와 우발라화優鉢羅華세계와 금강
화金剛華세계와 묘향화妙香華세계와 열의화悅意華세계와 아
로나화阿盧那華세계와 나라타화那羅陀華세계와 허공화盧空華
세계였습니다.

보살들이 온 세계는 모두 '화華' 자가 들어 있는 세계다. 동서남북 사유상하의 열 세계다. 이와 같은 열 세계에서 각각 큰 보살들이 무수한 대중들을 거느리고 부처님이 계신 곳으로 모여 왔다.

4. 보살들이 섬긴 부처님

각 어 불 소   정 수 범 행   소 위 수 특 월 불   무
各於佛所에 **淨修梵行**하시니 **所謂殊特月佛**과 **無**

진 월 불   부 동 월 불   풍 월 불   수 월 불   해 탈 월
盡月佛과 **不動月佛**과 **風月佛**과 **水月佛**과 **解脫月**

불   무 상 월 불   성 수 월 불   청 정 월 불   명 료 월
佛과 **無上月佛**과 **星宿月佛**과 **淸淨月佛**과 **明了月**

불
佛이라

각각 부처님 계신 곳에서 청정하게 범행梵行을 닦았
으니, 이른바 수특월殊特月 부처님과 무진월無盡月 부처님
과 부동월不動月 부처님과 풍월風月 부처님과 수월水月 부
처님과 해탈월解脫月 부처님과 무상월無上月 부처님과 성
수월星宿月 부처님과 청정월淸淨月 부처님과 명료월明了月
부처님이셨습니다.

보살들이 섬긴 부처님은 모두 '월月' 자가 들어가는 이름들이다. 시방에는 각각 세계가 있고, 세계마다 부처님이 계시고, 그 부처님들의 제자인 보살들이 많은 대중을 거느리고 법회에 동참하는 광경을 그리고 있다.

5. 부처님께 예배하고 앉다

시제보살 지불소이 정례불족 수소래
是諸菩薩이 **至佛所已**에 **頂禮佛足**하고 **隨所來**

방 각화작비로자나장사자지좌 어기좌
方하야 **各化作毘盧遮那藏獅子之座**하사 **於其座**

상 결가부좌
上에 **結跏趺坐**하시니라

이 모든 보살들이 부처님 계신 곳에 이르러 부처님
발에 정례하고, 온 방위를 따라 각각 비로자나장 사자
좌를 변화하여 만들고 그 사자좌 위에 가부좌를 맺고
앉으셨습니다.

시방의 모든 보살들이 무수한 권속 보살들을 거느리고
부처님 계신 곳에 이르러 예배하고, 각자가 온 방위를 따라
사자좌를 변화하여 만들고 그 위에 가부좌를 맺고 앉았다.
시방에서 보살 대중들이 모여 오면 반드시 자신들이 온 방

위에 앉는다는 것은 질서정연하게 행사장에 입장하는 모습을 보여 준 것이다. 이와 같은 광경을 그림으로 그려 보라. 얼마나 장엄한가.

6. 일체 세계도 그와 같다

여 차 세 계 중 수 미 정 상   보 살 래 집   일 체 세
如此世界中須彌頂上에 **菩薩來集**하야 **一切世**

계   실 역 여 시   피 제 보 살   소 유 명 자   세 계
界도 **悉亦如是**하야 **彼諸菩薩**의 **所有名字**와 **世界**

불 호   실 등 무 별
佛號가 **悉等無別**하니라

　이 세계의 수미산 꼭대기에 보살들이 와서 모인 것
처럼 일체 세계에서도 다 또한 그와 같았습니다. 저 모
든 보살들의 이름과 세계와 부처님 명호도 다 같아서
차별이 없었습니다.

　화엄경은 언제나 하나의 사건이 어느 한 곳에서 일어나
면 그 사건은 곧 전 우주에서 동시에 서로서로 영향을 끼치
면서 동시에 영향을 받는다는 사실을 설명하고 있다. 그것

은 사람만의 문제가 아니라 온갖 동물과 식물들도 마찬가지다. 한 가정에 새로운 한 사람이 들어오면 그 가정의 분위기는 크게 달라진다. 큰 숲에 나무 한 그루가 새로 들어오거나 혹은 잘려 나가면 그 영향은 숲 전체에 미친다. 모든 존재가 가까운 인연은 크게 영향을 받고 먼 인연은 작게 영향을 받는 것이 다를 뿐이다.

7. 부처님이 광명을 놓다

이 시　세 존　종 양 족 지　방 백 천 억 묘 색 광
爾時에 世尊이 從兩足指하야 放百千億妙色光

명　보 조 시 방 일 체 세 계 수 미 정 상 제 석 궁 중 불
明하사 普照十方一切世界須彌頂上帝釋宮中佛

급 대 중　미 불 개 현
及大衆하야 靡不皆現이시니라

그때에 세존께서 두 발의 발가락으로부터 백천억의
미묘한 빛의 광명을 놓으시어 시방의 일체 세계 수미산
꼭대기의 제석궁전 가운데 계시는 부처님과 대중들을
널리 비추시니, 모두 다 환하게 나타났습니다.

제3회 도리천 수미산에서 설하는 법문은 십주十住법문이
다. 부처님이 두 발의 발가락으로부터 백천억의 미묘한 빛의
광명을 놓는다는 것은 사람이 몸을 지탱하고 머무는 것은

모두가 발가락으로 균형을 잡아서 설 수 있듯이 52위의 수행점차가 제대로 수립되려면 열 가지 머무는 십주법문이라야 된다는 뜻을 나타내고 있다. 믿음이 바탕이 되는 십신법문을 설할 때는 발바닥에서 광명을 놓은 것과 같은 이치다.

8. 시방 보살들의 찬탄

1) 동방 법혜法慧보살의 찬탄

이시　　법혜보살　　승불위신　　　보관시방
爾時에 **法慧菩薩**이 **承佛威神**하사 **普觀十方**하고

이설송왈
而說頌曰하사대

　　그때에 법혜보살이 부처님의 위신력을 받들어 널리
시방을 관찰하고 게송으로 말하였습니다.

(1) 부처님이 광명을 놓다

불방정광명　　　　　　보견세도사
佛放淨光明하시니　　**普見世導師**가

수미산왕정　　　　　　묘승전중주
須彌山王頂의　　　　**妙勝殿中住**로다

부처님께서 놓으시는 청정한 광명으로
널리 보니 세간의 도사가
수미산 정상의
묘승전 가운데 머물도다.

먼저 동방 법혜法慧보살이 부처님을 찬탄한다. 부처님이 광명을 놓으니 그 광명으로 부처님이 수미산 정상의 묘승전에 머물고 계시는 것을 친견할 수 있음을 밝혔다. 세상의 모든 사람을 보는 데도 광명이 필요하고, 부처님을 이해하고 진리의 가르침을 이해하는 데도 역시 지혜광명이 있어야 한다.

일 체 석 천 왕
一切釋天王이

청 불 입 궁 전
請佛入宮殿하야

실 이 십 묘 송
悉以十妙頌으로

칭 찬 제 여 래
稱讚諸如來로다

일체 제석천왕들이
부처님께서 궁전에 들어오시기를 청하여

모두 열 가지 아름다운 게송으로
모든 여래를 칭찬하도다.

열 가지 아름다운 게송이란 승수미산정품에서 설한 게송을 말한다. "가섭迦葉 여래께서는 큰 자비를 구족하시니 모든 길상吉祥 가운데 가장 높으사."라고 하고, 또 "구나모니拘那牟尼께서는 소견이 걸림이 없으시니 모든 길상 가운데 가장 높으사."라는 등등의 내용으로 찬탄한 것이다. 이 세상 모든 사람, 그 누가 특징이 없으며 그 누가 장점이 없겠는가. 사람뿐이겠는가. 두두물물 일체가 다 특징이 있고 장점이 있다.

피 제 대 회 중
彼諸大會中에

소 유 보 살 중
所有菩薩衆이

개 종 시 방 지
皆從十方至하야

화 좌 이 안 좌
化座而安坐로다

저 모든 큰 법회 가운데의
보살 대중들이

모두 시방으로부터 와서

변화하여 만든 사자좌에 편안히 앉으셨네.

이 세계 수미산 꼭대기에 시방의 보살들이 와서 모인 것처럼 일체 세계에서도 다 또한 그와 같기 때문에 "저 모든 큰 법회 가운데"라고 하였다.

피 회 제 보 살	개 동 아 등 명
彼會諸菩薩이	皆同我等名이며
소 종 제 세 계	명 자 역 여 시
所從諸世界도	名字亦如是로다

저 모임의 모든 보살들이

모두 함께 나와 같은 이름이며

온 곳의 모든 세계도

이름 또한 이와 같네.

시방 일체 세계의 일체 수미산에서 다 같은 십주법문을 설하기 때문에 보살들의 이름이 다 같은 법혜法慧이며, 온 곳의 세계와 그 이름도 다 같다. 한 사람의 몸에 감기가 걸리면 5장 6부와 360골절과 60조의 전체 세포가 다 같이 감기에 걸린다. 이 또한 모든 존재의 본래 갖춘 소통성疏通性이며 통일성統一性이다.

본 국 제 세 존
本國諸世尊도

명 호 실 역 동
名號悉亦同하시니

각 어 기 불 소
各於其佛所에

정 수 무 상 행
淨修無上行이로다

본 국토의 모든 세존께서도
명호가 다 또한 같으시니
각각 그 부처님 처소에서
가장 높은 행을 깨끗이 닦으셨네.

시방에서 온 모든 보살들이 본래 섬긴 부처님과 본래의 국토다. 그 국토 그 세존들도 또한 다 같은 명호다. 우주법계의 일체 존재가 이와 같이 엮어서 함께 돌아가는데 어찌 다른 존재라 하며 어찌 남이라 하겠는가. 천지는 나와 같은 뿌

리이며 만물은 나와 한몸이다. [2]

(2) 여래의 자재한 힘

불 자 여 응 관
佛子汝應觀

여 래 자 재 력
如來自在力하라

일 체 염 부 제
一切閻浮提에

개 언 불 재 중
皆言佛在中이로다

불자들이여, 그대들은 마땅히 볼지니라.

여래의 자재하신 힘으로

일체의 염부제에

부처님이 계신다 말하네.

여래가 중생보다 우수한 힘은 무엇인가. 여래의 자재하신 힘으로 일체의 염부제에 부처님이 다 계시는 것을 아시고 그 사실을 설법하여 중생에게 깨우쳐 주는 일이다. 여래의 수많은 힘 중에서 가장 중요한 힘이리라.

---

2) 天地與我同根 萬物與我一體.

아 등 금 견 불　　　주 어 수 미 정
我等今見佛이　　**住於須彌頂**하시며

시 방 실 역 연　　　여 래 자 재 력
十方悉亦然하니　　**如來自在力**이로다

우리들이 지금 보니
부처님께서 수미산 정상에 계시는데
시방에서도 다 또한 그러하니
여래의 자재하신 힘이셔라.

　수미산 정상에 부처님이 계시는 것처럼 시방세계에서도 다 같이 부처님이 계시는 것을 우리들은 또한 본다. 사람 사람이 본래 갖춘 여래의 자재한 힘의 능력으로.
　소동파蘇東坡거사가 우렁차게 흘러가는 개울물 소리를 듣고 무정설법無情說法의 이치를 깨닫고 지은 시가 있다.

　"시냇물 흘러가는 소리는 부처님의 광장설법이요
　산천초목들은 청정법신 비로자나 부처님이어라.
　밤이 되니 8만4천 게송이나 되는 것을
　다른 날 다른 사람에게 어떻게 깨우쳐 주랴."[3]

(3) 원인을 들어서 결과를 말하다

일 일 세 계 중
一一世界中에

발 심 구 불 도
發心求佛道하시니

의 어 여 시 원
依於如是願하야

수 습 보 리 행
修習菩提行이로다

낱낱의 세계 가운데서

발심하여 불도를 구하시니

이러한 서원을 의지하여

보리행菩提行을 닦으셨도다.

어떤 세계나 어떤 환경에서 어떤 신분으로 살든 부처님은 불도를 구하는 마음뿐이다. 이와 같은 꿈과 서원과 희망으로 지혜와 자비가 충만한 보리행을 닦은 것이다.

불 이 종 종 신
佛以種種身으로

유 행 변 세 간
遊行徧世間하사대

---

3) 溪聲便是廣長舌 山色豈非淸淨身 夜來八萬四千偈 他日如何擧似人.

법 계 무 소 애
法界無所礙하시니

무 능 측 량 자
無能測量者로다

부처님께서 가지가지 몸으로

세간에 두루 노니시되

법계에 걸림이 없으시니

능히 측량할 이가 없도다.

중생들의 몸이 가지가지이므로 그 중생들을 교화하려고
부처님의 몸도 가지가지로 나타내어 세간에 노니신다. 천백
억화신이 곧 그것이다.

혜 광 항 보 조
慧光恒普照하사

세 암 실 제 멸
世暗悉除滅하시니

일 체 무 등 륜
一切無等倫이라

운 하 가 측 지
云何可測知리오

지혜의 빛이 항상 널리 비치어

세간의 어두움 다 소멸하시니

아무도 짝할 이가 없어라.

어떻게 가히 헤아려 알리오.

현상계에서는 태양의 빛이나 달빛이나 전기의 빛 등으로 어둠을 소멸하고, 중생들의 어두운 마음은 지혜의 가르침이 빛이 되어 어리석음을 소멸한다. 시방 보살들의 찬탄 중에서 동방 법혜法慧보살의 찬탄은 이와 같이 끝을 맺는다.

2) 남방 일체혜一切慧보살의 찬탄

이 시　　일 체 혜 보 살　　승 불 위 력　　보 관 시 방
爾時에 一切慧菩薩이 承佛威力하사 **普觀十方**

　이 설 송 언
하고 **而說頌言**하사대

그때에 일체혜보살이 부처님의 위신력을 받들어 널리 시방을 관찰하고 게송으로 말하였습니다.

(1) 부처님을 보아도 보지 못함

가 사 백 천 겁　　　　　　상 견 어 여 래
假使百千劫에　　　　　　**常見於如來**라도

불 의 진 실 의　　　　　이 관 구 세 자
不依眞實義하면　　　**而觀救世者**인댄

설사 백천 겁 동안에

항상 여래를 보더라도

진실한 뜻에 의지하지 않고

세상을 구원하는 자를 본다면

시 인 취 제 상　　　　　증 장 치 혹 망
是人取諸相하야　　　**增長癡惑網**하며

계 박 생 사 옥　　　　　맹 명 불 견 불
繫縛生死獄하야　　　**盲冥不見佛**이로다

이 사람은 모든 모양에 집착하여

어리석고 미혹한 그물만 증장하며

생사의 지옥에 얽매여서

눈이 멀어 부처님을 보지 못하리라.

오랜 세월 동안 수행도량에 살면서 부처님을 뵙고 경전
을 많이 읽더라도 여래의 진실한 뜻을 알지 못한다면 그것은 수행도량에 사는 것이 아니며 부처님을 뵙는 것이 아니며 경전을 읽는 것이 아니다. 그래서 경전을 펼치고 읽으려 할 때 반드시 외우는 게송이 있다.

"가장 높고 깊고 깊은 미묘한 법이여,
백천만겁에도 만나기 어려워라.
지금 내가 보고 듣고 받아 가지니
여래의 진실한 뜻 알기를 원합니다."[4]

여래의 진실한 뜻을 알지 못한다면 눈에 보이는 모양에만 집착하여 어리석고 미혹한 그물만 증장하여 눈이 멀어 부처님을 보지 못하고 진실한 법 알지 못하리라. 불법은 육안으로 보는 것이 아니다. 심안으로 보고 혜안으로 깨닫는 것이다.

---

4) 無上甚深微妙法 百千萬劫難遭遇 我今聞見得受持 願解如來眞實義.

(2) 법을 보아야 부처님을 본다

관 찰 어 제 법
觀察於諸法컨댄

자 성 무 소 유
自性無所有니

여 기 생 멸 상
如其生滅相하야

단 시 가 명 설
但是假名說이로다

모든 법을 자세히 살펴보면
자기의 성품이 있는 것이 없으니
그 생멸하는 모양과 같이
단지 거짓 이름만 말할 뿐이네.

모든 법이란 눈과 귀와 코와 혀와 몸과 의식과 그 여섯 가지 근본의 대상인 물질과 소리와 향기와 맛과 감촉과 그 외의 사건들과 그리고 근본과 대상들 사이에서 작용하는 의식작용 모두를 말한다. 이것을 18계라 하는데 이 모든 법을 자세히 관찰해 보면 독립된 자기 성품이 없다. 마치 생멸하는 모양과 같이 생멸이라는 거짓 이름뿐이지 실체가 없다. 생도 멸도 이름은 있으나 그 실상은 없다. 공관空觀과 가관假觀을 함께 밝혔다.

일 체 법 무 생
一切法無生이며

일 체 법 무 멸
一切法無滅이니

약 능 여 시 해
若能如是解하면

제 불 상 현 전
諸佛常現前이로다

일체 법이 나지도 않고

일체 법이 없어지지도 않나니

만약 능히 이와 같이 안다면

모든 부처님께서 항상 그 앞에 나타나리라.

불교의 관점에서 보는 일체 존재의 실상을 밝힌 매우 유명한 계송이다. 반야심경에서도 "모든 법의 공한 모양은 불생불멸不生不滅이라."고 하였으며, 법화경에서도 "이 법이 법의 자리에 머물러 세간의 현상이 항상 머문다."라고 하였다. 모두가 존재의 불생불멸의 이치를 밝힌 내용이다. 눈앞에 나타난 현상은 끊임없이 변화하고 있지만 그 본질은 영원토록 새롭게 생기는 것도 없으며 아주 없어지는 것도 없다는 사실이다. 예컨대 그릇에 담겼던 물이 증발하여 눈앞에서는 사라졌지만 수증기가 되어 하늘에서 구름으로 있다가 비가 되어 다시 지상으로 내려오고 산천초목 어딘가에 머물면서 천변만화로 돌고 돈다는 것이다. 일체 존재가 그와 같이 천변만화하면서 불생불멸한다.

법 성 본 공 적
法性本空寂하야

무 취 역 무 견
無取亦無見이니

성 공 즉 시 불
性空卽是佛이라

불 가 득 사 량
不可得思量이로다

법의 성품은 본래 공적하여
취할 수도 없고 또한 볼 수도 없어
성품이 공한 것이 곧 부처라
생각으론 얻을 수 없도다.

"법의 성품은 본래 공적하다."는 것은 존재의 본질에서 하는 말이다. 눈앞에 보이는 현상들은 이와 같으나 그 본질은 텅 비어 공적하다. 공적하기에 취할 수도 없고 볼 수도 없다. 성품이 공적한 본질의 자리가 곧 부처다. 이와 같은 경지는 생각이나 사량 분별로 이해되는 것이 아니다.

약 지 일 체 법　　　　체 성 개 여 시
若知一切法이　　　**體性皆如是**면

사 인 즉 불 위　　　　번 뇌 소 염 착
斯人則不爲　　　　**煩惱所染着**이로다

만약 일체 법이

자체의 성품이 모두 이와 같은 줄 알면

이 사람은 곧

번뇌에 물들지 아니하리라.

모든 법의 성품 본래 공적하여 취할 수도 없고 또한 볼 수
도 없는 줄을 아는 사람이라면 결코 번뇌가 없고, 번뇌가 없
으므로 세상사에 물들지도 않는다.

(3) 모양으로 부처님을 보지 못한다

범 부 견 제 법　　　　단 수 어 상 전
凡夫見諸法에　　　**但隨於相轉**하고

불 료 법 무 상　　　　이 시 불 견 불
不了法無相일새　　**以是不見佛**이로다

범부가 모든 법을 보면
다만 모양을 따라 구르고
법의 모양이 없는 줄을 알지 못할새
이로써 부처님을 보지 못하도다.

어리석은 범부는 무엇을 보든 눈앞의 현상만 보고 현상의 본질은 볼 줄 모른다. 부처님을 보는 일도 너무나 현상에 익숙하여 있으므로 부처님의 진실을 보지 못한다. 그러므로 중생을 상견중생相見衆生 또는 견물생심見物生心이라 부른다. 금강경에서는 일찍이 그와 같은 병을 고쳐 주기 위하여 "만약 형색으로 나를 보거나 음성으로 나를 구하면 이 사람은 삿된 길을 가는 사람이다. 여래를 볼 수 없으리라."[5]라고 하였다.

(4) 부처님은 법과 하나다

모 니 이 삼 세
牟尼離三世하사

제 상 실 구 족
諸相悉具足하시며

---

5) 若以色見我 以音聲求我 是人行邪道 不能見如來.

주 어 무 소 주
住於無所住하사

보 변 이 부 동
普徧而不動이로다

모니께서 삼세를 여의시고

모든 모양 다 구족하시어

머무는 바 없이 머무시며

널리 두루 하셔도 움직이지 않으시네.

석가모니 부처님은 응화신 부처님이면서 곧 법신부처님이다. 그래서 32상과 80종호를 다 갖춘 응화신으로 오셨으나 과거와 현재와 미래를 다 떠나 계시고 움직이지 않으면서 머무는 바 없이 머문다.

청량스님이 해석하였다. "부처님은 법과 같이 하나다. 이를테면 공한 법과 같은 까닭에 삼세를 떠나 있고, 거짓 법과 같은 까닭에 온갖 형상을 구족하였고, 유와 무를 쌍으로 부정하는 까닭에 머무름도 없고 집착도 없으며, 진여의 본체와 같은 까닭에 두루 하되 동요가 없다."[6]

---

6) 一偈佛即同法如: 謂同空法故離三世 同假法故相具足 同雙遣故無住無著
同如體故徧不動搖.

(5) 법을 앎으로 부처님을 본다

아 관 일 체 법
我觀一切法하고

개 실 득 명 료
皆悉得明了하니

금 견 어 여 래
今見於如來에

결 정 무 유 의
決定無有疑로다

내가 모든 법을 관찰하고
모두 다 분명하게 요지하니
이제 여래를 친견함에
결정코 의심이 없도다.

여래의 실상을 제대로 보아서 의혹이 없게 하려면 제법의
실상을 관찰하여 명료하게 알아야 한다. 제법의 실상은 곧
여래의 실상과 다르지 않기 때문이다.

(6) 공덕을 법혜보살에게 미루다

법 혜 선 이 설
法慧先已說

여 래 진 실 성
如來眞實性일새

아 종 피 요 지
我從彼了知

보 리 난 사 의
菩提難思議로다

법혜보살이 이미 먼저
여래의 진실한 성품을 말씀하였으니
저는 그를 따라서
사의하기 어려운 보리를 알았습니다.

　남방 일체혜一切慧보살은 법혜보살이 여래의 진실한 성품에 대하여 이미 먼저 말씀하셨으므로 공덕을 법혜보살에게 미루었다. 그러나 내용을 살펴보면 법혜보살의 설법보다 일체혜보살의 설법에서 여래의 진실한 성품에 대하여 더욱 잘 밝히고 있다.

3) 서방 승혜勝慧보살의 찬탄

이 시　　승 혜 보 살　　승 불 위 력　　　보 관 시 방
爾時에 **勝慧菩薩**이 **承佛威力**하사 **普觀十方**하고

이 설 송 언
而說頌言하사대

　그때에 승혜보살이 부처님의 위신력을 받들어 널리

시방을 관찰하고 게송으로 말하였습니다.

(1) 여래의 지혜는 알 수 없다

여 래 대 지 혜	희 유 무 등 륜
如來大智慧가	希有無等倫하시니

일 체 제 세 간	사 유 막 능 급
一切諸世間이	思惟莫能及이로다

여래의 큰 지혜

희유하여 짝할 이 없어라.

일체 모든 세간들이

생각으로 능히 미칠 수 없도다.

여래의 지혜는 참으로 위대하다. 깊고 높으며 넓고 크다. 그러나 이와 같은 여래의 지혜를 어떻게 하면 짐작이라도 할 수 있겠는가. 큰 깨달음을 이루기 전에는 불가능하다. 그러나 화엄경과 같이 부처님의 지혜를 밝힌 경전의 가르침을 깊이 공부하면 미혹한 중생이라 하더라도 조금은 짐작할 수 있을 것이다.

(2) 범부들의 미혹

범 부 망 관 찰
凡夫妄觀察하야

취 상 불 여 리
取相不如理하나니

불 이 일 체 상
佛離一切相이라

비 피 소 능 견
非彼所能見이로다

범부는 망령되이 관찰하므로

모양만 취하여 이치와 같지 못하니

부처님은 일체 모양을 여의었기에

저들이 능히 보지 못하도다.

범부들은 미혹하여 눈앞에 나타난 현상만을 취하고 본질은 알지 못한다. 그러나 부처님은 일체의 현상을 다 떠나서 존재의 본질만을 보고 있다. 범부는 그와 같은 경지를 알 수 없다.

미 혹 무 지 자
迷惑無知者는

망 취 오 온 상
妄取五蘊相하야

불 료 피 진 성
不了彼眞性하나니

시 인 불 견 불
是人不見佛이로다

미혹하여 앎이 없는 사람은
망령되이 오온五蘊의 모양만 취하여
저 참된 성품을 알지 못하니
이런 사람은 부처님을 보지 못하도다.

오온五蘊이란 사람의 몸과 마음을 이루고 있는 다섯 가지
요소다. 육신인 색色과 정신의 네 가지 요소인 감수하는 작
용과 생각하는 작용과 생각을 진행하는 행行과 인식하는 본
체가 그것이다. 보통 사람들은 이것을 자신의 모든 것이라
고 여긴다. 그러나 그것은 거짓으로 나타난 현상일 뿐 사람
의 본질은 아니다. 즉 참된 성품은 아니다. 오온에 속아서
사는 사람은 끝내 부처님을 보지 못하리라.

(3) 법신불을 보는 길

요 지 일 체 법
了知一切法이

자 성 무 소 유
自性無所有니

여 시 해 법 성
如是解法性하면

즉 견 노 사 나
則見盧舍那로다

일체의 법을 깨달아 알면
자체의 성품이 없나니
이와 같이 법의 성품을 이해하면
곧 노사나 부처님을 보게 되리라.

일체의 존재는 자체로서의 고정 불변하는 성품이 없다.
이와 같이 법의 성품을 알면 바로 법신불과 보신불과 화신
불을 보게 될 것이다. 노사나 부처님이란 법신부처님인 비로
자나 부처님과 함께 이르는 말이다.

인 전 오 온 고　　　　　　후 온 상 속 기
因前五蘊故로　　　　　　**後蘊相續起**하나니

어 차 성 요 지　　　　　　견 불 난 사 의
於此性了知하면　　　　　　**見佛難思議**로다

앞의 오온을 인한 연고로
뒤의 온이 서로 이어 일어나나니
여기서 성품을 알면
생각하기 어려운 부처님을 보리라.

사람의 본질인 자성은 무엇으로 감지하는가. 곧 오온에서 자성을 안다. 오온이 자성은 아니지만 오온을 떠나서 달리 자성을 아는 것이 아니다. 전생의 오온과 후생의 오온이 교차하며 상속하는 그 과정에서 오온의 자성을 깨달아 아는 것이다. 예컨대 꽃과 잎이 곧 봄은 아니지만 꽃이 피고 잎이 피는 과정에서 봄을 느끼고 아는 것과 같다. 자성이 현상은 아니지만 현상에서 본질인 자성을 아는 것이다.

(4) 비유로써 밝히다

비 여 암 중 보
譬如暗中寶를

무 등 불 가 견
無燈不可見인달하야

불 법 무 인 설
佛法無人說이면

수 혜 막 능 료
雖慧莫能了로다

비유컨대 어둠 속에 있는 보배를

등불 없이는 볼 수 없듯이

부처님의 법도 말하는 사람이 없으면

비록 지혜가 있더라도 능히 알지 못하네.

화엄경에서 설법이나 강의의 중요성을 밝힌 명구다. 큰 보배창고에 들어가도 밝은 등불이 없다면 그 창고 속에 무엇이 있는지 알 수 없다. 부처님의 8만4천 가르침 속에 이와 같은 화엄경이라는 보물이 있다는 것을 누군가가 설명해 주지 않으면 아무도 아는 사람이 없다. 불교를 믿는다 해도 대개는 마치 수박 겉핥기와 같아서 부처님의 진실한 뜻을 모른다. 그러므로 화엄경을 깊이 공부하여 많은 사람들에게 설해 줘야 한다.

역 여 목 유 예
亦如目有翳에

불 견 정 묘 색
不見淨妙色인달하야

여 시 부 정 심
如是不淨心이면

불 견 제 불 법
不見諸佛法이로다

마치 눈에 눈병이 생기면
청정하고 아름다운 빛을 보지 못하듯이
이와 같이 마음도 청정하지 못하면
모든 부처님 법을 보지 못하리라.

또 불법을 이해하는 데는 청정한 마음이 있어야 한다. 마음이 청정하지 못하면 아무리 훌륭한 법을 설해 주더라도 마음에 와 닿지 않는다. 그것을 선근이라 한다. 청정한 마음이란 무엇인가. 세속적 가치관에 집착하지 아니하고 뛰어난 대승법을 만나면 기쁨에 겨워하는 마음이다. 청정하지 못한 마음은 마치 눈병과 같다. 눈병이 있는 사람은 청정하고 아름다운 빛을 보지 못한다.

우 여 명 정 일
又如明淨日을

고 자 막 능 견
瞽者莫能見인달하야

무 유 지 혜 심
無有智慧心이면

종 불 견 제 불
終不見諸佛이로다

또 밝고 깨끗한 해를
소경은 볼 수 없듯이
지혜의 마음이 없으면
마침내 모든 부처님을 보지 못하리라.

부처님의 실상을 보고, 불교를 제대로 알고, 불교에 애착하

는 사람은 참으로 지혜 있는 사람이다. 그렇지 못한 사람은
마치 소경이 밝은 해를 앞에 두고도 보지 못하는 것과 같다.

약 능 제 안 예
若能除眼翳하고

사 리 어 색 상
捨離於色想하야

불 견 어 제 법
不見於諸法이면

즉 득 견 여 래
則得見如來로다

만약 능히 눈병을 제하고
형색과 생각을 여의며
모든 법까지 보지 않으면
곧 여래를 보리라.

금강경에 "만약 모든 형상을 형상이 아닌 것으로 보면 곧
여래를 보리라."라고 하였다. 모든 형상과 색상을 다 떠나
고 일체 존재까지 존재로 보지 않아야 곧 여래를 본다. 여래
의 실상은 육안으로 형상을 보듯이 보는 것이 아니다. 법안
과 불안과 혜안과 영안으로 보는 것이다.

(5) 공덕을 일체혜一切慧보살에게 미루다

일 체 혜 선 설
一切慧先說

제 불 보 리 법
諸佛菩提法일세

아 종 어 피 문
我從於彼聞하고

득 견 노 사 나
得見盧舍那로다

일체혜보살이 먼저

모든 부처님의 보리법을 말씀하시니

저는 그에게서 듣고

노사나 부처님을 뵈었습니다.

승혜보살이 앞에서 나왔던 일체혜보살의 설법을 찬탄하고 자신은 아무런 공덕이 없다고 겸손해하는 내용이다. 보살의 마음 씀씀이는 언제나 이와 같이 겸손과 하심을 중요시한다.

4) 북방 공덕혜功德慧보살의 찬탄

이 시   공 덕 혜 보 살   승 불 위 력   보 관 시 방
爾時에 功德慧菩薩이 承佛威力하시 普觀十方

이 설 송 언
하고 而說頌言하사대

그때에 공덕혜보살이 부처님의 위신력을 받들어 널리 시방을 관찰하고 게송으로 말하였습니다.

(1) 범부들의 잘못된 깨달음

제 법 무 진 실   망 취 진 실 상
諸法無眞實이어늘   妄取眞實相일새

시 고 제 범 부   윤 회 생 사 옥
是故諸凡夫가   輪廻生死獄이로다

모든 법에 진실이 없거늘

망령되이 진실한 모양을 취하네.

그러므로 모든 범부들이

생사의 옥에서 윤회輪廻하도다.

모든 법은 텅 비어 공하다. 변하지 않는 진실한 것은 아무것도 없다. 그런데 범부들은 망령되게 허망한 현상에서 진실하며 영원한 것이라고 믿고 집착한다. 그래서 보는 족족 집착하고 따라다니며 윤회한다. 마치 무지개를 손으로 잡으려는 것과 같고 아지랑이를 손으로 잡으려는 것과 같다. 이것이 범부들의 잘못된 깨달음이다.

言辭所說法을　　小智妄分別일새

是故生障礙하야　　不了於自心이로다

말로 설명한 법을

조그마한 지혜로 망령되이 분별할새

그런 까닭에 장애가 생겨

자기의 마음을 알지 못하도다.

법은 말이 아니다. 실상은 말을 떠났다고 하였다. 그러나 언어로 진리에 가깝도록 설명한다. 또 마음, 마음, 마음하지만 마음이라는 말은 말일 뿐이지 마음은 아니다. 어리석은 범부는 조그마한 지혜로 그 말을 따라 이리저리 분별하여 진리인 양 여기고 마음인 양 여긴다.

불 능 료 자 심
不能了自心이어니

운 하 지 정 도
云何知正道리오

피 유 전 도 혜
彼由顚倒慧하야

증 장 일 체 악
增長一切惡이로다

자기의 마음을 알지 못하고
어떻게 바른 도道를 알겠는가.
저 전도顚倒된 지혜로 말미암아
온갖 악만 증장하도다.

화엄경은 일심一心 또는 유심唯心을 강조하는 가르침이다. 그래서 마음의 실체를 깨닫는 것을 정각이라고도 한다. 자기 마음의 실체를 알면 도를 알게 되고 바른 지혜가 증장한다. 그래서 "불교를 받든다는 것은 곧 마음을 잘 단속하고 마음을 잘 관리하는 일이다."[7]라고 하였다.

불 견 제 법 공   항 수 생 사 고
不見諸法空하야   **恒受生死苦**하나니

사 인 미 능 유   청 정 법 안 고
斯人未能有   **淸淨法眼故**로다

모든 법이 공(空)함을 보지 못하고

항상 생사의 고통을 받으니

이 사람은

청정한 법의 눈[眼]이 없는 까닭이로다.

모든 법이 공(空)하다는 것은 반야심경에서 잘 가르치고 있
다. 제법이 공한 모양은 불생불멸이며, 또 색이 곧 공이며 공
이 곧 색이라고도 하였다. 그래서 공에는 육근도 없고, 육진
도 없고, 육식도 없고, 12인연도 없고, 고집멸도도 없다고
하였다. 이와 같이 보는 것이 청정한 눈이다.

---

7) 奉行佛教常攝心.

(2) 참다운 깨달음을 보이다

아 석 수 중 고
我昔受衆苦는

유 아 불 견 불
由我不見佛이니

고 당 정 법 안
故當淨法眼하야

관 기 소 응 견
觀其所應見이로다

내가 옛적에 온갖 고통을 받은 것은

내가 부처를 보지 못한 까닭이니

마땅히 법의 눈을 깨끗이 하여

응당히 볼 것을 보리로다.

부처님의 진실한 모양을 보려면 청정한 법의 눈을 갖춰야 한다. 32상과 80종호라는 형상을 부처님이라 하거나 또는 역사적인 사실로써 부처님이라고 한다면 한량없는 목숨과 한량없는 광명과 한량없는 공덕과 한량없는 지혜와 한량없는 자비의 부처님은 꿈에도 보지 못하리라. 마땅히 법의 눈을 깨끗이 하여 응당히 이와 같은 실상을 보아야 할 것이다.

약 득 견 어 불　　　　　기 심 무 소 취
若得見於佛하면　　　**其心無所取**니

차 인 즉 능 견　　　　　여 불 소 지 법
此人則能見　　　　　**如佛所知法**이로다

만약 부처님을 보면

그 마음에 취하는 바가 없으니

이 사람은 곧 능히

부처님이 아신 바와 같은 법을 보리로다.

　　만약 진여자성과 법성생명의 한량없는 목숨과 한량없는
광명과 한량없는 공덕과 한량없는 지혜와 한량없는 자비의
부처님을 보면 밖을 향해 취할 것은 아무것도 없으리라. 이
사람은 곧 부처님이 아신 바와 같은 법을 보았기 때문이다.

약 견 불 진 법　　　　　즉 명 대 지 자
若見佛眞法이면　　　**則名大智者**니

사 인 유 정 안　　　　　능 관 찰 세 간
斯人有淨眼하야　　　**能觀察世間**이로다

만약 부처님의 진실한 법을 본다면
곧 대지자大智者라 이름할 것이니
이 사람은 청정한 눈이 있어
능히 세간을 관찰하리라.

불교인은 언제나 여래의 진실한 뜻 알기를 발원한다. 참
선을 하든 염불을 하든 간경을 하든 여래의 진실한 뜻을 아
는 것이 중요하다. 만약 여래의 진실한 뜻만 안다면 그가 곧
여래다. 이 사람은 불안과 혜안과 법안과 영안으로 세상을
꿰뚫어 보게 되리라.

무 견 즉 시 견　　　　　능 견 일 체 법
無見卽是見이라　　　**能見一切法**이니

어 법 약 유 견　　　　　차 즉 무 소 견
於法若有見이면　　　**此則無所見**이로다

봄이 없음[無見]이 곧 옳은 봄[是見]이니
능히 일체 법을 볼 수 있으리라.
법에 만약 봄이 있다면

이것은 곧 본 것이 없는 것이로다.

무엇을 보되 보아도 봄이 없는 것이 옳게 보는 것이다. 만약 볼 때마다 보는 것이 다 있다면 그 보는 것을 다 어떻게 할 것인가. 보아도 보는 것에 걸림이 없어야 일체 법을 볼 수 있으며 또한 법을 보는 것이 된다.

(3) 자각각타自覺覺他

일 체 제 법 성
一切諸法性이

무 생 역 무 멸
無生亦無滅이니

기 재 대 도 사
奇哉大導師어

자 각 능 각 타
自覺能覺他로다

일체 모든 법의 성품이
남[生]도 없고 또한 없어짐도 없나니
신기하도다. 큰 도사시여,
스스로 깨닫고 능히 남도 깨닫게 하셨도다.

일체 제법의 성품은 불생이며 불멸이다. 현상은 끊임없이 천변만화하지만 그 본질은 불생불멸이다. 만약 모든 존재가 불생불멸하는 이치를 안다면 곧 깨달은 경지며 큰 도사이다. 세존은 이와 같은 이치로 자신도 깨닫고 남도 깨닫게 하였다.

(4) 공덕을 승혜보살에게 미루다

승 혜 선 이 설	여 래 소 오 법
勝慧先已說	如來所悟法_{일새}

아 등 종 피 문	능 지 불 진 성
我等從彼聞_{하고}	能知佛眞性_{이로다}

승혜보살이 나보다 먼저
여래의 깨달은 법을 말하시니
우리들은 그에게서 듣고
능히 부처님의 참된 성품 알았노라.

북방 공덕혜功德慧보살이 앞서 설법한 승혜보살에게 그 공덕을 미루었다. 역시 자신이 설한 것은 여래의 깨달음에 대한 내용이었다.

5) 동북방 정진혜精進慧보살의 찬탄

이 시　　정진혜보살　승불위력　　관찰시방
爾時에 精進慧菩薩이 承佛威力하사 觀察十方

　　이 설 송 언
하고 而說頌言하사대

　그때에 정진혜보살이 부처님의 위신력을 받들어 널리 시방을 관찰하고 게송으로 말하였습니다.

(1) 무상관無相觀을 말하다

약 주 어 분 별
若住於分別이면

즉 괴 청 정 안
則壞淸淨眼이라

우 치 사 견 증
愚癡邪見增하야

영 불 견 제 불
永不見諸佛이로다

만약 분별에 머물면

청정한 눈을 파괴하여

어리석고 삿된 소견만 더하여

영원히 모든 부처님 보지 못하리라.

본래 형상이란 없는 것인데 거짓 형상에서 분별을 하면 형상을 좇아 다니느라고 본래 갖춘 청정한 눈을 파괴하게 된다. 그래서 형상만 따르는 어리석고 삿된 소견만 더하여 부처님의 진실한 모습을 보지 못한다.

약 능 료 사 법
若能了邪法하야

어 실 부 전 도
如實不顚倒하며

지 망 본 자 진
知妄本自眞하면

견 불 즉 청 정
見佛則淸淨이로다

만약 삿된 법인 줄 알면
실상과 같아서 전도하지 아니하고
허망을 알아 본래 스스로 참다우면
부처님 보는 것이 곧 청정하리라.

눈앞에 나타난 현상들이 삿된 법인 줄을 알면 그대로가 실상이며 전도되지 않는다. 현상이 허망한 것임을 알아 스스로 참다우면 부처님의 실상을 바로 보리라.

유 견 즉 위 구
有見則爲垢라

차 즉 미 위 견
此則未爲見이니

원 리 어 제 견
遠離於諸見하야사

여 시 내 견 불
如是乃見佛이로다

봄[見]이 있으면 곧 때[垢]가 됨이라

이것은 아직 보는 것이 되지 않나니

모든 봄을 멀리 여의어야

이와 같이 부처를 보리라.

형상을 실로 있는 것으로 여겨서 봄이 있으면 그것은 곧 허망함이며 번뇌가 된다. 형상을 보되 보는 것을 멀리 떠나야 부처의 실상을 보게 되리라. 이것이 무상관無相觀이다.

(2) 무생관無生觀을 말하다

세 간 언 어 법
世間言語法을

중 생 망 분 별
衆生妄分別하나니

지 세 개 무 생
知世皆無生이면

내 시 견 세 간
乃是見世間이로다

세간의 말로 하는 법을

중생이 망령되이 분별하나니
세간이 모두 생멸이 없는 줄 알면
비로소 세간을 보게 되리라.

세간의 현상은 끊임없이 생멸하고 또 생멸한다. 그러나 그 본질은 언제나 불생불멸이다. 본질이 불생불멸하는 이치를 알면 세간의 실상을 비로소 보게 되리라.

약 견 견 세 간
若見見世間이면

견 즉 세 간 상
見則世間相이니

여 실 등 무 이
如實等無異라야

차 명 진 견 자
此名眞見者로다

만약 봄으로 세간을 보면
봄이 곧 세간의 모양이니
실상과 같아 다름이 없어야
이 이름이 참으로 보는 자이니라.

망령된 소견으로 세간을 보면, 그와 같이 보는 것은 진실한 모습이 아닌 세간의 드러난 모습이다. 세간의 실상을 실상과 같이 보아야 참으로 본질을 보는 사람이라고 할 수 있다.

약 견 등 무 이
若見等無異하야

어 물 불 분 별
於物不分別이면

시 견 이 제 혹
是見離諸惑하야

무 루 득 자 재
無漏得自在로다

만약 평등하여 다름이 없음을 보고
사물에 분별하지 않으면
이렇게 보는 것은 모든 의혹을 여의어
샘이 없어 자재를 얻음이로다.

모든 존재의 공성空性은 평등하다. 사물의 공성을 보면 어떤 차별상도 차별하다고 분별하지 않는다. 사물의 공성, 사건의 공성, 사람의 공성, 사람이 짓는 모든 것의 공성을 보면 어떤 의혹도 없다. 그래서 무루無漏의 경지가 되어 일체에 자재하다. 사람이 일체 존재에 자재하지 못한 것은 존재를 유성有性으로 보고 차별로 보기 때문이다.

(3) 무성관無性觀을 말하다

제 불 소 개 시
諸佛所開示

일 체 분 별 법
一切分別法을

시 실 불 가 득
是悉不可得이니

피 성 청 정 고
彼性淸淨故로다

모든 부처님이 열어 보이신

일체 분별의 법을

이것을 다 얻을 수 없으니

그 성품이 청정한 까닭이로다.

모든 존재의 무상無相과 무생無生과 무성無性은 본질을 보는 견해이다. 만약 현상이 눈에 보이는 대로라면 그것은 형상이며, 생멸이며, 고정된 자성이 있어야 한다. 불교는 언제나 현상에 미혹되지 말고 본질을 보라는 가르침이다. 부처님이 열어 보이신 온갖 가르침은 근기를 따르고 상황을 따라 분별해 보인 것이다. 그 본성은 텅 비어 청정[空]하다.

법 성 본 청 정
法性本清淨하야

여 공 무 유 상
如空無有相일새

일 체 무 능 설
一切無能說이니

지 자 여 시 관
智者如是觀이로다

법의 성품은 본래 청정하여

허공과 같아 모양이 없을새

일체를 능히 말할 수 없으니

지혜 있는 자는 이와 같이 보리라.

법성은 본래 텅 비어 청정하다. 허공과 같아서 형상이 없으며 차별상도 없다. 그래서 "법성은 원융하여 두 가지 모양이 없다."고 하였다. 즉 존재의 본질은 텅 비었으며 차별하지 않고 모두가 하나로 통일되어 있다. 존재의 원융통일성이다.

원 리 어 법 상
遠離於法想하야

불 락 일 체 법
不樂一切法하면

차 역 무 소 수
此亦無所修니

능 견 대 모 니
能見大牟尼로다

법이란 생각 멀리 여의어

일체 법을 좋아하지 아니하면

이것은 또한 닦을 바가 없나니

능히 대모니大牟尼를 보리라.

불법은 무수이수無修而修, 즉 닦아도 닦음이 없이 닦는다.

그래서 법성의 존재 원리를 제대로 이해한다면 법성이라는

생각마저 멀리 떠나게 된다. 그러므로 닦을 바가 없다. 곧

예부터 움직이지 않는 부처님이다[舊來不動名爲佛].

(4) 공덕을 공덕혜보살에게 미루다

여 덕 혜 소 설　　　　차 명 견 불 자
如德慧所說하야　　**此名見佛者**니

소 유 일 체 행　　　　체 성 개 적 멸
所有一切行이　　　**體性皆寂滅**이로다

공덕혜보살이 말한 바와 같이

이 이름이 부처를 본 자니

있는 바 일체 행이

자체의 성품이 모두 적멸이라네.

수미정상게찬품의 게송은 언제나 그렇듯이 "앞에서 설법한 보살이 충분히 설하였다. 나는 별로 설한 것이 없다. 나의 설법은 앞의 보살의 설법과 같다."라고 하여 그 공덕을 앞의 보살에게 넘기고 있다.

6) 동남방 선혜善慧보살의 찬탄

이 시   선 혜 보 살   승 불 위 력   보 관 시 방
爾時에 善慧菩薩이 承佛威力하사 普觀十方하고

이 설 송 언
而說頌言하사대

그때에 선혜보살이 부처님의 위신력을 받들어 널리 시방을 관찰하고 게송으로 말하였습니다.

(1) 부처님을 보다

희유대용건
希有大勇健하신

무량제여래
無量諸如來여

이구심해탈
離垢心解脫하사

자도능도피
自度能度彼로다

희유하시고 크게 용건勇健하신

한량없는 모든 여래여

때를 여의고 마음이 해탈하시어

스스로 제도하고 저들도 제도하셨네.

모든 부처님을 찬탄하는 내용이다. "희유하시고 크게 용건勇健하시다. 일체 번뇌의 때를 다 씻어 버렸고, 마음은 가을 하늘처럼 해탈하셨다."라고 하였다. 부처님의 한량없는 공덕 중에서 번뇌를 떠난 것과 해탈하신 것을 들었다. 우리가 알고 있는 부처님의 공덕 중에 무엇이 늘 생각나는가? 부처님의 위대함은 무엇이라고 생각하는가? 부처님의 무엇이 그토록 자랑스러운가? 지혜인가? 자비인가? 원력인가? 교화인가? 신통인가?

아 견 세 간 등
我見世間燈의

여 실 부 전 도
如實不顚倒가

여 어 무 량 겁
如於無量劫에

적 지 자 소 견
積智者所見이로다

내가 보니 세간의 등불이

실상과 같아 전도되지 아니하고

한량없는 겁에

지혜를 쌓은 자의 보는 바와 같도다.

부처님을 표현하는 여러 가지 말 중에 '세간의 등불'이라
는 말은 매우 빼어나다. 탐욕과 분노와 어리석음으로 어둠
속을 헤매고 있는 세상 사람들에게 세간을 비추는 지혜의 등
불이 되어 그들의 마음을 환하게 밝히는 분이다. 존재의 실
상을 여실히 알아 전도되지 않는 길을 가시는 분이다. 이와
같은 부처님을 제대로 이해하려면 지혜를 쌓은 사람이라야
한다.

(2) 법을 보다

일 체 범 부 행
一切凡夫行이

막 불 속 귀 진
莫不速歸盡하나니

기 성 여 허 공
其性如虛空일새

고 설 무 유 진
故說無有盡이로다

모든 범부의 행은

빨리 다 하는 대로 돌아가지만

그 성품은 허공과 같을새

그러므로 다함이 없다고 말하네.

모든 범부들은 무엇을 하든 빨리 없어져 버리고 마는 허망한 것만을 행한다. 영원히 마음의 자양이 되는 수행은 하지 않는다. 그러나 그들의 본성은 부처님과 다름없이 허공과 같아서 다함이 없다. 그러므로 본성에 부합하는 수행을 하는 것이 바람직하다.

지 자 설 무 진
智者說無盡이나

차 역 무 소 설
此亦無所說이니

자 성 무 진 고
自性無盡故로

득 유 난 사 진
得有難思盡이로다

지혜로운 자는 다함이 없다 말하나

이것도 또한 말할 것이 없으니

자체의 성품이 다함없는 까닭에

부사의한 다함이 있음이로다.

지혜로운 사람은 허망한 현상에서 존재의 본질인 무진성
無盡性을 설한다. 실은 무진성을 말할 것이 아니나 근본자성
이 무진하기 때문이다. 실로 존재의 본질인 진여자성은 불
가사의한 다함이다. 그것을 "자체의 성품이 다함없는 까닭
에 부사의한 다함이 있음이로다."라고 표현하였다. 예컨대
산하대지가 다함이 있는 현상이라면 허공은 다함이 없는 본
질이다.

소 설 무 진 중
所說無盡中에

무 중 생 가 득
無眾生可得이니

지 중 생 성 이
知眾生性爾하면

즉 견 대 명 칭
則見大名稱이로다

다함이 없다 말한 가운데는
중생도 얻을 것이 없나니
중생의 성품이 그런 줄 알면
곧 큰 이름 가진 이를 보게 되리라.

존재의 본질은 다함이 없으며 본질에서는 또한 중생이라
고 할 것도 없다. 중생의 다함없는 본질인 자성을 알면 그가
바로 크게 소문난 부처님이다.

(3) 이익을 이루다

무 견 설 위 견 　　　　무 생 설 중 생
無見說爲見이요　　　**無生說衆生**이니

약 견 약 중 생 　　　　요 지 무 체 성
若見若衆生을　　　　**了知無體性**이로다

봄이 없는데 본다고 말하고
중생이 없는데 중생이라 말하니
보는 것과 중생이라는
자체의 성품이 없는 줄을 알지니라.

존재의 궁극적 본질은 주관으로서 본다거나 또는 객관
으로서 보여진다거나 하는 주객의 관계가 사라진 자리다.
또한 중생이라거나 부처라거나 나누어서 설명할 길도 없다.
보는 일도 중생이라는 것도 변하지 않는 어떤 자체의 성품
은 없다. 편의상 거짓 이름을 짓고 거짓으로 나누어서 설명
해 볼 뿐이다.

능 견 급 소 견
能見及所見의

견 자 실 제 견
見者悉除遣하고

불 괴 어 진 법
不壞於眞法하면

차 인 요 지 불
此人了知佛이로다

보는 것도 볼 것도
보는 이도 다 제하여 보내고서
진실한 법을 무너뜨리지 않으면
이 사람이야말로 부처를 알리라.

능히 보는 것[能見]과 보여지는 대상[所見]과 능소能所를 떠
난 보는 사람까지 다 제하여 보내고, 진실한 법 즉 능소를

무너뜨리지 않고 주관과 객관을 다 혼융하여 죽이기도 하고 살리기도 하는 중도적 살활자재殺活自在의 삶을 펼치는 사람은 곧 부처를 알리라.

약 인 요 지 불
若人了知佛과　　**及佛所說法**하면

즉 능 조 세 간
則能照世間이　　**如佛盧舍那**로다

만약 어떤 사람이 부처님과
부처님이 말씀하신 법을 알면
곧 능히 세간을 비춤이
노사나 부처님과 같으리라.

불교를 제대로 안다는 것은 부처의 실상을 아는 일이며 부처님이 설하신 존재의 실상을 깊이 아는 일이다. 그렇게 되면 그 지혜로 세상을 환하게 비추게 될 것이며 곧 노사나 부처님과 같으리라.

(4) 공덕을 정진혜보살에게 미루다

정 각 선 개 시	일 법 청 정 도
正覺善開示	**一法淸淨道**하시고

정 진 혜 대 사	연 설 무 량 법
精進慧大士가	**演說無量法**하시니

정각正覺께서는

한 법의 청정한 도를 잘 열어 보이시고

정진혜대사는

한량없는 법을 연설하시네.

부처님[正覺]은 한 법의 청정한 도를 설하여 모든 있음[有]을 부정하였고, 정진혜보살은 한량없는 법을 설하여 없음[無]을 부정하였다. 있음을 부정한 것은 텅 비어 공한 평등의 본질을 보인 것이다.

약 유 약 무 유	피 상 개 제 멸
若有若無有	**彼想皆除滅**하면

여 시 능 견 불	안 주 어 실 제
如是能見佛이	**安住於實際**로다

있다거나 있지 않다는

그러한 생각 모두 소멸하면

능히 부처님께서

실제實際에 안주하심을 보리라.

　없음을 부정한 것은 허망하던 현상이 모두 활발발하게
살아나는 진여생명으로서의 현상을 보인 것이다. 그래서 색
이 곧 공이며 공이 곧 색이다. 진공이 묘유며 묘유가 진공인
이치를 부처님과 보살이 함께 보인 소식이다. 이것이 실제實
際에 안주한 삶이다.

7) 서남방 지혜智慧보살의 찬탄

　이 시　　지혜 보 살　　승 불 위 력　　　보 관 시 방
　爾時에 智慧菩薩이 承佛威力하사 普觀十方하고

이 설 송 언
而說頌言하사대

　그때에 지혜보살이 부처님의 위신력을 받들어 널리

시방을 관찰하고 게송으로 말하였습니다.

(1) 자신을 이끌어 대중에게 권하다

아 문 최 승 교
我聞最勝教하고

즉 생 지 혜 광
卽生智慧光하야

보 조 시 방 계
普照十方界하야

실 견 일 체 불
悉見一切佛이로다

나는 가장 훌륭한 가르침을 듣고

곧 지혜의 빛을 내어

널리 시방세계를 비추어

모든 부처님을 다 보았네.

불교에는 무수히 많은 가르침이 있다. 짧은 인생에서 무엇을 먼저 공부하고 무엇을 뒤에 공부해야 한다고 정해진 과정은 없다. 그러나 무엇이 가장 훌륭한 가르침인가를 살펴서 공부해야 할 것이다. 그래서 교학에는 교상판석敎相判釋이라는 것이 있다. 즉 불교의 다양한 교설敎說을 각 종파의 기준에 따라서 교리의 얕고 깊음을 분류하고 종합하여 하나의 유기적인 사상 체계로 이해하는 방법이다. 지혜보살이 스스로 가장 훌륭한 가르침을 들었듯이 다른 대중들도 화엄경과 같은 가장 훌륭한 가르침을 들으라는 뜻을 담고 있다.

(2) 인집人執을 말하다

차 중 무 소 물
此中無少物이요

단 유 가 명 자
但有假名字니

약 계 유 아 인
若計有我人이면

즉 위 입 험 도
則爲入險道로다

이 가운데는 아무것도 없고
단지 거짓 이름만 있으니
만약 나와 남이 있다고 생각하면
곧 험한 길에 떨어지리라.

세상에는 아무것도 없고 단지 거짓 이름뿐이다. 그런데 만약 나와 남이 있다고 생각하면 그것은 인아집人我執이다. 인아집에 떨어지면 인생의 험한 길을 가리라.

(3) 법집法執을 말하다

제 취 착 범 부
諸取着凡夫가

계 신 위 실 유
計身爲實有하나니

여 래 비 소 취
如來非所取라

피 종 부 득 견
彼終不得見이로다

모든 것에 집착하는 범부들이

몸이 참으로 있는 것이라고 생각하나니

여래는 취할 바가 아니라

저들은 마침내 볼 수 없으리라.

범부들은 모든 것에 잘 집착한다. 특히 부처님을 어떤 몸을 가진 존재라고 집착한다. 그래서 부처님의 몸을 실제로 있는 것이라고 여긴다. 여래는 몸을 취하듯이 그렇게 취하는 것이 아니다. 이것을 경계를 집착하는 법집法執이라고 한다.

차 인 무 혜 안
此人無慧眼하야

불 능 득 견 불
不能得見佛일새

어 무 량 겁 중
於無量劫中에
유 전 생 사 해
流轉生死海로다

이 사람은 지혜의 눈이 없어
능히 부처님을 보지 못할새
한량없는 겁 가운데
생사의 바다에 유전流轉하리라.

자신에게 집착하고 대상에 집착하는 이와 같은 사람은 존재의 실상을 바로 보는 지혜의 눈이 없다. 일체 사물과 일체 존재를 바로 보지 못하거늘 어찌 부처님의 진실을 볼 수 있겠는가. 그러므로 곳곳에 집착하여 생사의 바다에 흘러 다닌다.

유 쟁 설 생 사
有諍說生死요
무 쟁 즉 열 반
無諍卽涅槃이니

생 사 급 열 반
生死及涅槃을
이 구 불 가 득
二俱不可得이로다

다툼이 있어 생사生死라 말하고

다툼이 없으면 곧 열반이라 한다.
생사와 열반을
두 가지 다 얻지 못하네.

유와 무, 너와 나를 나누어 놓고 갈등하면 그것이 곧 생사다. 만약 유와 무, 너와 나에 갈등이 없으면 그것이 곧 열반이다. 그러나 실은 생사도 열반도 실재하는 것이 아니다. 텅 비어 없다. 생사와 열반이 본래로 없음을 알아야 생사와 열반이 같은 것[生死涅槃相共和]이라는 이치를 깨닫게 된다.

약 축 가 명 자	취 착 차 이 법
若逐假名字하야	取着此二法하면
차 인 불 여 실	부 지 성 묘 도
此人不如實이라	不知聖妙道로다

만약 거짓 이름을 따라서
이 두 가지 법에 집착하면
이 사람은 실답지 못하여
성인의 묘한 도리 알지 못하리.

생사니 열반이니, 너니 나니 하는 거짓 이름을 따라서 서로 상반된 법에 집착하면 중도실상이라는 성인의 도리에 계합하지 못한다. 성인의 도리란 너와 나, 생사와 열반을 다 받아들여서 너가 곧 나이고 생사가 곧 열반인 하나로 통일된 중도적 삶이다.

若生如是想호대
此佛此最勝이라하면
顚倒非實義라
不能見正覺이로다

만약 이러한 생각을 내어
이 부처님이 가장 수승하다 하면
전도되어 참뜻이 아니라
능히 정각을 보지 못하리라.

만약 부처님이 가장 수승하고 부처님의 법이 가장 수승하다고 생각하면 이것이 또한 법집法執이다. 법집은 전도며 참뜻이 아니다. 진정한 부처님의 정각을 보지 못하리라.

(4) 깨달음을 말하다

능 지 차 실 체
能知此實體의

적 멸 진 여 상
寂滅眞如相하면

즉 견 정 각 존
則見正覺尊이

초 출 어 언 도
超出語言道로다

능히 이 실체의

적멸한 진여의 모습을 알면

곧 정각존正覺尊이

언어의 길에서 벗어났음을 보리라.

현상은 이와 같이 눈앞에 현현되어 있다. 그러나 존재 본
질의 실체는 적멸한 진여다. 적멸한 진여이기에 실체라 하더
라도 실은 실체라고 할 것이 없다. 편의상 언어를 이용하지
만 그 실체란 언어를 벗어나 있다. 그러므로 정각을 이루신
세존은 그와 같이 많은 설법을 했으나 한마디도 설한 바가
없다고 한 것이다.

언 어 설 제 법
言語說諸法이면

불 능 현 실 상
不能顯實相이요

평 등 내 능 견
平等乃能見이니

여 법 불 역 연
如法佛亦然이로다

말로써 모든 법을 말하면

능히 참모습 나타낼 수 없고

평등하여야 능히 보나니

법과 같이 부처도 또한 그러하다네.

부처의 실상이나 법의 실상이나 온갖 언어로 설명하지만 그것은 언어일 뿐 실상은 아니다. 언어로써는 끝내 실상을 나타낼 수 없다. 텅 비어 공적하고 평등한 자리에 앉아야 부처의 실상이나 법의 실상을 본다.

정 각 과 거 세
正覺過去世와

미 래 급 현 재
未來及現在하사

영 단 분 별 근
永斷分別根이실새

시 고 설 명 불
是故說名佛이로다

과거 세상과 미래 세상과

현재 세상을 바로 깨달아

분별하는 뿌리를 영원히 끊었을새

이러한 까닭에 이름을 부처님이라 하네.

구세九世와 십세十世가 서로서로 상즉상입相卽相入한 이치를 깨달아 시간성에 대한 분별을 끊어서 멀리 초월하여 영원을 누리면 곧 부처님이라 한다.

8) 서북방 진실혜眞實慧보살의 찬탄

이 시   진 실 혜 보 살   승 불 위 력   보 관 시 방
爾時에 眞實慧菩薩이 承佛威力하사 普觀十方

   이 설 송 언
하고 而說頌言하사대

그때에 진실혜보살이 부처님의 위신력을 받들어 널리 시방을 관찰하고 게송으로 말하였습니다.

(1) 중생을 이롭게 하다

영 수 지 옥 고
寧受地獄苦하야

득 문 제 불 명
得聞諸佛名이언정

불 수 무 량 락
不受無量樂하야

이 불 문 불 명
而不聞佛名이로다

차라리 지옥의 고통을 받으면서

모든 부처님의 명호를 들을지언정

부처님의 명호를 듣지 못하면서

한량없는 즐거움을 받지는 않으리라.

부귀공명으로 세속적인 즐거움을 아무리 많이 누린들 부처님의 이름을 듣지 못한다면 무슨 의미가 있겠는가. 차라리 가난하게 살더라도 부처님의 이름을 듣고, 불교의 정법을 공부하고, 화엄경을 공부하는 것이 인생의 진정한 즐거움이며 영광이며 보람이다. 그래서 필자는 문수경전연구회에서 화엄경을 공부하는 일을 "금세기 최고의 축제 화엄경 강설 만일결사"라고 명명하였다. 그 인연으로 이렇게 강설을 집필하고 있다.

소 이 어 왕 석
所以於往昔에

무 수 겁 수 고
無數劫受苦하야

유 전 생 사 중
流轉生死中은

불 문 불 명 고
不聞佛名故로다

그 까닭은 지난 옛적에
수없는 겁 동안 고통을 받으며
생사 가운데 유전함은
부처님의 명호를 듣지 못한 때문이로다.

생사 가운데 유전하는 이유를 밝혔다. 무수한 세월에 생
사에 흘러다니는 것은 모두가 부처님으로부터 생사가 없는
진리를 배우지 못한 까닭이다. 하루빨리 진여생명의 불생불
멸하는 원리를 알아 생사를 초월하여야 하리라.

(2) 망妄을 깨닫고 진실을 증득하다

어 법 부 전 도
於法不顚倒하고

여 실 이 현 증
如實而現證하야

이 제 화 합 상
離諸和合相하면

시 명 무 상 각
是名無上覺이로다

법에 전도되지 아니하고
진실과 같이 환하게 증득하여
모든 화합한 모양을 여의면
그 이름이 위없는 가장 높은 깨달음이로다.

　무상한 것을 항상한 것으로 알고 항상한 것을 무상한 것으로 아는 것이 법에 전도된 것이다. 무상한 현상과 항상한 본질을 환하게 증득하여 모든 화합상和合相에 집착하지 아니하면 곧 가장 높은 깨달음을 이룬 부처님이다.

현 재 비 화 합
現在非和合이며

거 래 역 부 연
去來亦復然하니

일 체 법 무 상
一切法無相이

시 즉 불 진 체
是則佛眞體로다

현재는 화합한 것이 아니며
과거와 미래도 또한 다시 그러하니

일체 법이 모양이 없는 것이

이것이 곧 부처의 참된 체성이로다.

　

　과거와 미래와 현재라는 일체 시간도 모두 진실한 모양
이 아니다. 다시 말해서 시간도 물질과 같이 본래로 없는 공
성空性으로 이해해야 한다. 영가스님은 증도가에서 "제행이
무상하여 일체가 공한 것이, 이것이 곧 여래의 크고 원만한
깨달음이다."[8] 라고 하였다.

　

　

약 능 여 시 관	제 법 심 심 의
若能如是觀	**諸法甚深義**하면
즉 견 일 체 불	법 신 진 실 상
則見一切佛의	**法身眞實相**이로다

만약 능히 이와 같이

모든 법의 깊은 뜻을 관찰한다면

일체 부처님의

법신의 진실한 모양을 보게 되리라.

---

8) 諸行無常一切空 卽是如來大圓覺.

이와 같이 모든 법의 깊은 뜻을 관찰한다고 하는 것은 모든 존재의 차별한 현상은 허망한 것이며 곧 사라지는 것이지만 존재의 본체는 공적한 것이며 평등한 것이며 통일된 것이며 영원한 것이라고 깨달아 아는 것이다. 나아가서 이와 같은 현상이 곧 본질이며 본질이 곧 현상임을 깨달아 아는 것이다.

(3) 깨달음으로 비춰 보다

어 실 견 진 실	비 실 견 불 실
於實見眞實_{하고}	非實見不實_{하야}

於實見眞實하고 非實見不實하야
如是究竟解일새 是故名爲佛이로다

여 시 구 경 해　　　　시 고 명 위 불
如是究竟解일새　　　是故名爲佛이로다

진실에서 진실함을 보고
진실이 아닌 데서 진실이 아님을 보나니
이와 같이 끝까지 이해할새
그런 까닭에 이름이 부처라네.

진실한 것은 무엇인가. 존재의 본질인 텅 비어 공한 경지다.

진실이 아닌 것은 무엇인가. 수시로 변화하는 차별현상이다.
이 두 가지 면을 철저하게 꿰뚫어 알면 그것을 부처라 한다.

(4) 깨달음이 아니나 깨달음이라고 한다

불 법 불 가 각
佛法不可覺이라

요 차 명 각 법
了此名覺法이니

제 불 여 시 수
諸佛如是修일새

일 법 불 가 득
一法不可得이로다.

부처님 법은 깨달을 수 없는지라

이것을 아는 것이 이름이 법을 깨달음이니

모든 부처님은 이와 같이 닦았을새

한 법도 얻을 수 없네.

깨달음이 아닌 것에서 깨닫는 것이 미묘한 깨달음인 묘
각妙覺이다. 실로 불법은 깨닫는 것이 아니다. 이 사실을 깨
닫는 것이 법을 깨달은 것이다. 불교를 깨달음의 종교라 하
고 깨달음의 가르침이라 한다. 그러나 진실로 깨달은 부처
님의 차원에서 불법은 깨달을 수 없는 것이다.

지 이 일 고 중
知以一故衆이며

지 이 중 고 일
知以衆故一이니

제 법 무 소 의
諸法無所依하야

단 종 화 합 기
但從和合起로다

하나로써 여럿을 알고

여럿으로써 하나를 아나니

모든 법이 의지한 데 없어

단지 화합을 좇아 일어나도다.

   진실한 법은 하나로써 여럿을 알고 여럿으로써 하나를
안다. 그래서 "하나 가운데 여럿이 있고 여럿 가운데 하나가
있으며 하나가 곧 여럿이고 여럿이 곧 하나다."[9]라고 하였
다. 한 방울의 바닷물에서 전체의 바닷물을 알고, 하나의 세
포에서 그 사람 전체를 안다. 아는 데 그치지 않고 하나의 세
포로 그 사람이나 그 동물, 그 식물 전체를 만들기도 한다.

---

9) 一中一切多中一 一卽一切多卽一.

무 능 작 소 작
無能作所作이라

유 종 업 상 생
唯從業想生이니

운 하 지 여 시
云何知如是오

이 차 무 유 고
異此無有故로다

짓는 이도 지을 것도 없고
오직 업의 생각을 좇아 생김이니
어떻게 이와 같은 줄을 아는가.
이것과 다른 이치는 없는 까닭일새.

선과 악을 짓는 주체자도 없고 지어지는 대상도 없다. 오직 업에 의한 생각으로 선과 악이 생겨나는 것이다. 이것밖에는 결코 다른 이치는 없다.

일 체 법 무 주
一切法無住라

정 처 불 가 득
定處不可得이니

제 불 주 어 차
諸佛住於此하사

구 경 부 동 요
究竟不動搖로다

일체 법이 머무는 데 없어
정해진 곳이 없으니

모든 부처님이 이런 이치에 머물러
끝까지 동요하지 않네.

　법, 법, 법이라고 하지만 그 법은 머무는 데가 없다. 그래
서 어디엔가 정해진 곳을 찾을 수 없다. 부처님은 항상 이와
같은 이치에 머물러 있기 때문에 본래 스스로 동요가 없다.
그것이 진여본성의 부동성이다.

9) 하방 무상혜無上慧보살의 찬탄

　이 시　　무 상 혜 보 살　　승 불 위 력　　보 관 시 방
爾時에 **無上慧菩薩**이 **承佛威力**하사 **普觀十方**

　　이 설 송 언
하고 **而說頌言**하사대

　그때에 무상혜보살이 부처님의 위신력을 받들어 널
리 시방을 관찰하고 게송으로 말하였습니다.

(1) 무상혜라는 이름

무 상 마 하 살 **無上摩訶薩**이	원 리 중 생 상 **遠離衆生想**하야
무 유 능 과 자 **無有能過者**일새	고 호 위 무 상 **故號爲無上**이로다

무상혜보살 마하살이

중생의 생각을 멀리 여의어

그보다 능히 지나갈 자가 없을새

그런 까닭에 이름이 위없음이라네.

무상혜無上慧란 가장 높아서 그보다 높은 이가 없으며 누구도 그를 지나가는 이가 없다는 뜻이다. 그와 같은 지혜를 가졌기에 중생의 생각을 멀리 떠났다. 그러나 실은 사람 사람이 모두 본래로 가장 높은 무상성無上性을 지녔다. 그래서 천상천하天上天下에 유아독존唯我獨尊이다.

(2) 제불의 소득

제 불 소 득 처 **諸佛所得處**가	무 작 무 분 별 **無作無分別**하시니

추 자 무 소 유
麤者無所有며

미 세 역 부 연
微細亦復然이로다

모든 부처님이 얻은 것은

지음도 없고 분별도 없어

거친 것도 없고

미세한 것도 또한 다시 그러하네.

부처님은 세상에서 가장 크고 훌륭한 것을 얻은 분이다.
그래서 부처님의 깨달음을 인류사에서 가장 큰 사건이라 하
고, 그 깨달음을 펼쳐 보인 화엄경을 인류 최고의 걸작이라
한다. 그러나 돌이켜 다시 생각해 보면 그것은 지음도 없고
분별할 것도 없으며 크거나 미세한 것도 없다.

(3) 제불의 소행

제 불 소 행 경
諸佛所行境이어

어 중 무 유 수
於中無有數라

정 각 원 리 수
正覺遠離數하시니

차 시 불 진 법
此是佛眞法이로다

모든 부처님이 행하신 경계여
그 가운데는 수효도 없어
정각正覺은 수효를 멀리 여의었으니
이것이 부처님의 진실한 법이라네.

부처님의 소득과 소행은 매우 위대하고 훌륭한 것이지만
그렇다고 크다느니 작다느니 몇 개라느니 하여 그 수효로
계산되는 것이 아니다. 정각을 어찌 세속적인 잣대로 계산할
수 있겠는가.

(4) 상을 보내고 이치를 나타내다

여 래 광 보 조	멸 제 중 암 명
如來光普照하사	滅除衆闇冥하시니
시 광 비 유 조	역 부 비 무 조
是光非有照며	亦復非無照로다

여래의 광명 널리 비추어
온갖 어둠 소멸하시니
이 광명은 비춤이 있는 것도 아니고

또한 다시 비춤이 없는 것도 아니네.

여래란 곧 지혜의 광명이다. 여래의 가르침 또한 깨달음의 광명이다. 여래의 일생도 세상을 환하게 비추는 큰 빛이다. 이 모든 광명으로 세상의 어둠을 다 소멸한다. 얼마나 많은 사람들에게 얼마나 큰 빛이 되었는가. 그러나 정작 그 광명은 있는 것도 아니고 없는 것도 아니다. 이것이 모든 형상을 보내고 이치를 나타내는 길이다. 마치 구름이 걷히고 태양이 나타나는 것과 같다.

어 법 무 소 착
於法無所着하야

무 념 역 무 염
無念亦無染하시며

무 주 무 처 소
無住無處所하사대

불 괴 어 법 성
不壞於法性이로다

법에 집착함이 없고
생각도 없고 물들지도 않아
머무름도 없고 처소도 없지만
법의 성품을 깨뜨리지도 않네.

법에 만약 집착한 바가 있으면 온갖 생각이 난무하여 염오가 막심하리라. 법에 집착한 바가 없으므로 생각도 없고 염오도 없고 머무름도 없고 처소도 없다. 그러나 법성은 결코 무너지거나 손실이 없다.

차 중 무 유 이
此中無有二며

역 부 무 유 일
亦復無有一이니

대 지 선 견 자
大智善見者가

여 리 교 안 주
如理巧安住로다

이 가운데는 둘도 없고
또한 다시 하나도 없으니
큰 지혜로 잘 보는 이
이치대로 공교하게 안주하였네.

법성은 원융하여 두 가지 모양이 없다고 하지 않았던가. 두 가지 모양이 없다는 것은 둘도 없고 하나마저 없다는 뜻이다. 지혜가 밝은 이는 언제나 이와 같은 이치에 안주한다.

무 중 무 유 이
無中無有二며

무 이 역 부 무
無二亦復無라

삼 계 일 체 공
三界一切空이

시 즉 제 불 견
是則諸佛見이로다

없는 것에는 둘도 없고

둘이 없음도 또한 다시 없는지라

삼계 일체가 공空이니

이것이 곧 모든 부처님의 견해로다.

위와 같은 이치를 밝히는 것이 일상화된 사찰에서는 아침에 도량을 쓸 때도 그 이치가 나타난다. 도량을 비질할 때 반드시 뒷걸음질을 하면서 티끌을 쓴다. 티끌도 쓸고 티끌을 쓸고 간 사람의 발자국마저 쓸기 위해서다. 없는 것 가운데는 하나도 없고 둘도 없다. 그리고 그 없는 것마저 다시 없다. 삼계 일체가 공이기 때문이다. 이것이 최상의 견해다.

(5) 법에 머무는 바가 없다

범 부 무 각 해
凡夫無覺解일새

불 령 주 정 법
佛令住正法하야

제 법 무 소 주
諸法無所住케하시니

오 차 견 자 신
悟此見自身이로다

범부는 깨달음의 이해가 없으니
부처님께서 정법에 머물게 하여
모든 법에 머무는 바가 없게 하시니
이것을 깨달으면 제 몸을 보리라.

부처님께서는 중생들에게 참으로 훌륭한 법을 깨우쳐 주셨다. 그러므로 우리는 당연히 그 훌륭한 법에 머물러서 떠나지 않아야 한다. 정법正法에 머문다는 것은 곧 모든 법에 머무는 바가 없다는 뜻이다. 그것이 정법이다. 이러한 사실을 깨달으면 자신의 몸의 실상을 보게 될 것이다.

비 신 이 설 신
非身而說身하시며

비 기 이 현 기
非起而現起하시니

무 신 역 무 견
無身亦無見이

시 불 무 상 신
是佛無上身이로다

몸이 아니나 몸을 말하고
일어난 것이 아니나 일어남을 나타내나니
몸도 없고 또한 보는 것도 없음이
이것이 부처님의 가장 높은 몸이시네.

부처님의 몸은 몸이 아니다. 진리의 가르침이 그 몸이다. 지혜의 광명이 그 몸이다. 또 부처님은 오고 감이 없다. 그러나 그와 같이 오고 가며 온갖 작용을 일으킨다. 몸이 없는 몸을 나타내고 보는 것이 없는 봄으로 부처님을 본다. 이것이 부처님의 위대하신 몸이다.

(6) 공덕을 진실혜보살에게 미루다

여 시 실 혜 설
如是實慧說

제 불 묘 법 성
諸佛妙法性하시니

약 문 차 법 자
若聞此法者는

당 득 청 정 안
當得清淨眼이로다

이와 같이 진실혜보살이
모든 부처님의 묘한 법의 성품 설하시니
만약 이 법을 듣는 자는
마땅히 청정한 눈을 얻으리라.

진실혜보살의 설법도 뛰어나지만 무상혜보살이 지금까지 부처님의 미묘한 법의 성품에 대해서 잘 설하셨다. 논리가 미묘하며 까다롭고 딱딱하다. 그러나 존재의 실상과 법성을 체득하는 견해가 분명하다.

10) 상방 견고혜堅固慧보살의 찬탄

이 시　견 고 혜 보 살　승 불 위 력　　보 관 시 방
爾時에 **堅固慧菩薩**이 **承佛威力**하사 **普觀十方**

　이 설 송 언
하고 **而說頌言**하사대

그때에 견고혜보살이 부처님의 위신력을 받들어 널리 시방을 관찰하고 게송으로 말하였습니다.

(1) 부처님을 찬탄하다

위 재 대 광 명
偉哉大光明

용 건 무 상 사
勇健無上士여

위 리 군 미 고
爲利群迷故로

이 흥 어 세 간
而興於世間이로다

위대하셔라, 큰 광명이시여.

용건하셔라, 무상사無上士시여.

미혹한 군생들을 이익하게 하시려고

세간에 출현하셨도다.

    부처님은 위대하시고, 큰 광명이시고, 용건하시고, 가장 높은 선비라고 표현하였다. 이유가 무엇인가. 미혹한 중생들을 이익하게 하려고 세상에 출현하셨기 때문이다. 불교가 세상에서 찬탄을 받으려면 진실로 미혹한 중생들을 이익하게 하려는 노력이 있어야 한다. 부처님의 화두는 언제나 중생이기 때문이다.

(2) 중생의 고통

불 이 대 비 심	보 관 제 중 생
佛以大悲心으로	普觀諸衆生이

견 재 삼 유 중	윤 회 수 중 고
見在三有中하야	輪廻受衆苦하시나니

부처님께서 큰 자비심으로

널리 모든 중생 살피시니

삼유三有 가운데 윤회하며

온갖 고통을 받고 있음을 보시도다.

불교의 기본적인 관점들을 밝혔다. 부처님은 대자비의
마음으로 중생들을 널리 관찰하시어 욕계와 색계와 무색계
에서 윤회하며 온갖 고통을 받고 있음을 보고 계신다.

유 제 정 등 각	구 덕 존 도 사
唯除正等覺	具德尊導師하고

일 체 제 천 인	무 능 구 호 자
一切諸天人은	無能救護者로다

오직 정등각을 이루시고

덕을 갖춘 높은 도사導師를 제하고는

일체 모든 천신과 사람을

능히 구호할 자 아무도 없네.

인간으로 태어나서 인간이 이르러 갈 수 있는 최정상까지
도착해야 한다. 그 최정상은 어디인가. 개개인이 본래로 갖
추고 있는 우리 마음의 궁극적 차원이다. 궁극적 차원만이
가장 완전하게 우리를 구호할 수 있다. 그것이 곧 정등각의
자리이며 덕을 갖춘 높은 도사의 경지이다.

(3) 승보僧寶를 찬탄하다

약 불 보 살 등
若佛菩薩等이

불 출 어 세 간
不出於世間이면

무 유 일 중 생
無有一衆生도

이 능 득 안 락
而能得安樂이로다

부처님과 보살님들

세간에 나오시지 않으셨던들

한 중생도 능히

안락을 얻을 자 없었으리라.

　사찰에서는 조석으로 예불을 올릴 때 반드시 부처님과 부처님의 가르침과 승가에 절을 올린다. 중생들을 교화하여 안락의 저 언덕에 이르게 하신 은혜에 감사하기 위해서다. 실로 생각해 보면 그 은혜는 태산보다 높으며 바다보다 깊다.

　"지심귀명례 시방삼세 제망찰해 상주일체 불타야중."
　"지심귀명례 시방삼세 제망찰해 상주일체 달마야중."

여 래 등 정 각
如來等正覺과

급 제 현 성 중
及諸賢聖衆이

출 현 어 세 간
出現於世間하사

능 여 중 생 락
能與衆生樂이로다

여래 정등각과
모든 현인 성인들
세간에 출현하시어
중생들에게 즐거움 주셨도다.

"지심귀명례 문수 보현 관음 지장보살 마하살."

"지심귀명례 영산당시 수불부촉 십대제자 십육성 오백성 독수성 내지 천이백 제대아라한 무량자비성중."

"지심귀명례 인도 중국 대한민국 모든 세계 역대전등 제대조사 천하종사 일체미진수 제대선지식."

(4) 보고 들음의 이익

약 견 여 래 자	위 득 대 선 리
若見如來者는	爲得大善利니

문 불 명 생 신	즉 시 세 간 탑
聞佛名生信하면	則是世間塔이로다

여래를 보는 자는
크고 좋은 이익 얻나니
부처님 명호 듣고 신심 낸다면
이것이 곧 세간의 탑이라네.

공덕의 탑을 어떻게 세울 것인가. 부처님과 법과 승가에 귀의하고 법문을 들어 환희심과 신심을 내면 그것이 곧 큰 이익이며 각자의 공덕의 탑이 된다. 이름만 들어도 삼악도의 고통을 면하고 불보살의 형상만 보아도 해탈을 얻으니 어찌 공덕의 탑이 아니겠는가.

아 등 견 세 존　　　위 득 대 이 익
我等見世尊은　　**爲得大利益**이니

문 여 시 묘 법　　　실 당 성 불 도
聞如是妙法하면　**悉當成佛道**로다

우리들이 세존을 뵙는 것이
큰 이익을 얻은 것이니
이와 같은 미묘한 법을 들으면
다 마땅히 부처님의 도를 이루리라.

부처님에 대한 여러 가지 의미를 알고 다시 이와 같은 미묘한 법, 즉 화엄경을 듣고 사유하고 더욱 열심히 수행하면 그 일 자체가 곧 불도며 큰 이익이며 가치 있는 삶이 된다.

제 보 살 과 거　　　　이 불 위 신 력
諸菩薩過去에　　　**以佛威神力**으로

득 청 정 혜 안　　　　요 제 불 경 계
得清淨慧眼하야　　**了諸佛境界**라

모든 보살들이 과거 세상에

부처님의 위신력으로

청정한 지혜의 눈을 얻어

모든 부처님의 경계를 알았도다.

부처님 정법의 가르침을 열심히 공부하여 큰 믿음과 이해
가 생기면 그것이 곧 부처님의 위신력이다. 믿음과 이해를 통
해서 존재의 실상을 아는 지혜의 눈으로 다시 부처님의 경계
를 알리라.

금 견 노 사 나　　　　중 증 청 정 신
今見盧舍那하야　　**重增淸淨信**이로다

이제 노사나 부처님 뵙고

청정한 믿음 더욱 증장하리라.

자성미타와 자성법신불을 깨달아 알면 바른 믿음과 바른 이해와 바른 실천이 저절로 따라오며 더욱 증장하리라.

(5) 부처님의 덕이 다함이 없다

불 지 무 변 제
佛智無邊際라

연 설 불 가 진
演說不可盡이니

부처님의 지혜 끝이 없는지라

아무리 연설해도 다함이 없도다.

부처님의 복덕과 지혜와 자비와 원력 등은 끝이 없고 다함이 없다. 아무리 오랜 세월을 설한다 하더라도 다 설명할 수 없이 많고 또 많다.

승 혜 등 보 살
勝慧等菩薩과

급 아 견 고 혜
及我堅固慧가

무 수 억 겁 중
無數億劫中에

설 역 불 가 진
說亦不可盡이로다

승혜 등 보살과

저 견고혜보살이

무수한 억겁 동안에

말한다 하여도 또한 다함이 없으리라.

부처님이 처음 정각을 이루신 시방 일체의 보리수나무 밑을 떠나지 않으시고 십주법문을 설하기 위하여 수미산으로 올라오셨다. 수미산에 올라오시니 제석천왕이 제석궁전으로 모시면서 부처님을 찬탄하였다. 이것이 승수미산정품이다.

다음은 수미정상게찬품으로서 동방의 법혜보살과 남방의 일체혜보살과 서방의 승혜보살 등 열 명의 대표 보살들이 차례대로 부처님의 지혜와 공덕을 찬탄하였다. 그러나 부처님의 지혜와 공덕은 무수 억겁을 찬탄한다 하여도 다할 수 없다. 이와 같이 십주법문의 서막을 열고 이제 본론인 십주품으로 이어진다.

수미정상게찬품 끝

대방광불화엄경 강설

제16권

十五. 십주품

화엄경 7처 9회의 설법 중 제3회 십주법문을 설한 품이다. 총 39품 중에서는 열다섯째 품에 해당한다. 설법의 회주는 법혜보살이다. 법혜보살이 부처님의 위신력을 받들어 무량방편삼매無量方便三昧에 들어갔다. 그리고 천 불찰 미진수의 법혜 부처님이 함께 가피하시어 십주법문을 설하도록 하였다.

십주+住법문이란 보살이 수행하는 계위階位인 52위 중 제11위位에서 제20위까지를 말한다. 10신위信位를 지나서 마음이 진제眞諦의 이치에 안주安住하는 위치에 이르렀다는 뜻으로 주住라 한다.

① 발심주發心住는 10신信의 거짓된 현상으로부터 텅 빈 본질로 들어가는 관법[從假入空觀]이 완성되어 진무루지眞無漏智를 내고 마음이 진제의 이치에 안주하는 지위이다.

② 치지주治地住는 항상 공관空觀을 닦아 심지心地를 청정하게 다스리는 지위이다.

③ 수행주修行住는 만선萬善 만행萬行을 닦는 지위이다.

④ 생귀주生貴住는 정히 부처님의 기분氣分을 받아 여래 종에 들어가는 지위이다.

⑤ 구족방편주具足方便住는 부처님과 같이 자리이타自利利他의 방편행을 갖추어 상모相貌가 결함缺陷이 없는 지위이다.

⑥ 정심주正心住는 용모가 부처님과 같을 뿐만 아니라 마음도 똑같은 지위이다.

⑦ 불퇴주不退住는 몸과 마음이 한데 이루어 날마다 더욱 자라나고 물러서지 않는 지위이다.

⑧ 동진주童眞住는 그릇된 소견이 생기지 않고 보리심을 파하지 않는 것이 마치 동자의 천진하여 애욕이 없는 것과 같아서 부처님의 10신身 영상靈相이 일시에 갖추어지는 지위이다.

⑨ 법왕자주法王子住는 부처님의 가르침을 따라 지해智解가 생겨 다음 세상에 부처님 지위를 이을 지위이다.

⑩ 관정주灌頂住는 보살이 이미 불자가 되어 부처님의 사업을 감당할 만하므로 부처님이 지수智水로써 정수리에 붓는 것이 마치 인도에서 왕자王子가 자라면 국왕이 손수 바닷물을 정수리에 부어 국왕이 되게 하는 것과 같으므로 이렇게 이른다.

이것을 탁태托胎의 순서를 모방하여 처음 발심주에서 제4

생귀주까지를 입성태入聖胎라 하고, 제5 구족방편주에서 제8 동진주까지를 장양성태長養聖胎라 하고, 제9 법왕자주를 출성태出聖胎라고도 한다. 혹은 보살의 10지地를 10주라고 표현하기도 하나 이 십주와는 뜻이 다르다.

1. 삼매와 가피加被를 보이다

1) 법혜法慧보살이 삼매에 들다

이 시　　법 혜 보 살　　승 불 위 력　　　입 보 살 무 량
爾時에 **法慧菩薩**이 **承佛威力**하사 **入菩薩無量**

방 편 삼 매
方便三昧하시니라

그때에 법혜보살이 부처님의 위신력을 받들어 보살
무량방편삼매에 들었습니다.

십주법문이라는 큰 법문을 설하기 위해서는 삼매에 들어
야 하고, 다시 부처님으로부터 가피를 입어야 한다. 이러한
법식에 근거하여 모든 불교의식에는 반드시 입정入定이라는
것이 있으며 부처님의 가호를 청한다. 회주가 되는 법혜보살
이 부처님의 위신력을 받들어 보살무량방편삼매에 들었다.

2) 가피를 입다

이 삼 매 력　　시 방 각 천 불 찰 미 진 수 세 계 지 외
以三昧力으로 **十方各千佛刹微塵數世界之外**에

유 천 불 찰 미 진 수 제 불　　개 동 일 호　　명 왈 법
有千佛刹微塵數諸佛하사대 **皆同一號**하야 **名曰法**

혜　　보 현 기 전　　고 법 혜 보 살 언
慧라 **普現其前**하사 **告法慧菩薩言**하사대

삼매의 힘으로 시방으로 각각 일천 부처님 세계의 미진수 같은 세계 밖에 일천 부처님 세계의 미진수 같이 많은 부처님이 계시는데, 다 같이 한 가지 이름으로 법혜法慧였습니다. 널리 그 앞에 나타나서 법혜보살에게 말씀하셨습니다.

법혜보살이 보살무량방편삼매에 들어가니 그 힘으로 시방에서 무수한 법혜 부처님이 나타나서 법혜보살에게 가피를 내려 주는 말씀을 하신다. 법혜 부처님이 법혜보살 앞에 나타나서 말씀하신다는 것은 무슨 뜻인가. 모든 사람들이 누구나 자신의 내면에 진여생명의 부처님이 있어서 필요할

때는 언제든지 앞에 나타난다. 마음을 기울이고 귀를 기울이며 예의주시하면 누구나 친견할 수 있는 부처님이다. 위신력을 청하고 가피를 기다리면 빠짐없이 위신력을 얻고 가피를 얻는다. 그것이 법혜보살 앞에 나타난 법혜 부처님이다.

3) 가피와 삼매의 인연

善哉善哉라 善男子야 汝能入是菩薩無量方便三昧하니 善男子야 十方各千佛刹微塵數諸佛이 悉以神力으로 共加於汝하시며 又是毘盧遮那如來의 往昔願力威神之力과 及汝所修善根力故로 入此三昧하야 令汝說法이니라

"훌륭하고, 훌륭하여라. 선남자여, 그대가 능히 이 보

살무량방편삼매에 들었도다. 선남자여, 시방에서 각각 일천 부처님 세계의 미진수같이 많은 부처님이 모두 위신력으로 그대에게 가피하시니라. 또한 비로자나 여래의 지난 옛적 원력과 위신력과 그리고 그대가 닦은 선근의 힘으로 이 삼매에 들어서 그대로 하여금 법을 설하게 함이니라."

법혜보살이 십주법문을 설할 수 있는 가피와 삼매의 인연을 밝혔다. 첫째는 시방의 무수한 부처님이 위신력으로 함께 법혜보살에게 가피한 것이며, 둘째는 비로자나 여래의 지난 옛적 원력과 위신력이며, 셋째는 스스로 닦은 선근의 힘으로 삼매에 들어 법을 설하게 되었다는 것이다.

4) 가피하는 열 가지 이유

위 증 장 불 지 고   심 입 법 계 고   선 료 중 생 계 고
爲增長佛智故며 **深入法界故**며 **善了衆生界故**며

소 입 무 애 고　　소 행 무 장 고　　득 무 등 방 편 고　　입
所入無礙故며　所行無障故며　得無等方便故며　入

일 체 지 성 고　　각 일 체 법 고　　지 일 체 근 고　　능 지
一切智性故며　覺一切法故며　知一切根故며　能持

설 일 체 법 고　　소 위 발 기 제 보 살 십 종 주
說一切法故니　所謂發起諸菩薩十種住라

"부처님의 지혜를 자라게 하기 위한 연고며, 법계
에 깊이 들어가게 하기 위한 연고며, 중생의 세계를 잘
알게 하기 위한 연고며, 들어가는 바가 걸림이 없게 하
려는 연고며, 행하는 바가 장애가 없게 하려는 연고며,
같을 이 없는 방편을 얻게 하는 연고며, 일체 지혜의 성
품에 들어가게 하는 연고며, 일체 법을 깨닫게 하는 연
고며, 일체 근기를 알게 하는 연고며, 일체 법을 능히
가지어 설하게 하는 연고이니라. 이른바 모든 보살의 열
가지 주처住處를 일으키려는 것이니라."

시방의 무수한 법혜 부처님이 신·구·의 세 가지로 다시
법혜보살에게 가피하는 이유를 열 가지로 밝혔다. 한마디로
요약하면 모든 보살의 열 가지 주처住處를 일으키려는 것이

다. 다시 말해서 십주법문을 설하기 위함이다. 보살수행의 52계위 중에서 십신법문은 모든 보살행의 바탕이 되고 십주 법문은 그 출발이 된다. 그 출발을 견고하게 하기 위해서 열 가지 이유를 들어 가피하게 된 것이다.

5) 입의 가피

선남자 여당승불위신지력 이연차법
善男子야 **汝當承佛威神之力**하야 **而演此法**이니라

"선남자여, 그대는 마땅히 부처님의 위신력을 받들어 이 법을 연설할지니라."

신·구·의 세 가지 가피 중에서 첫째는 입의 가피다. 시 방의 법혜 부처님이 다시 법혜보살에게 "선남자여, 그대는 마땅히 부처님의 위신력을 받들어 이 법을 연설할지니라."라 고 한 말씀 속에 부처님의 가피가 들어 있다. 즉 당부하고 격려하는 말씀이 곧 가피인 것이다.

6) 뜻의 가피

是^시時^시에 諸^제佛^불이 卽^즉與^여法^법慧^혜菩^보薩^살에게 無^무礙^애智^지와 無^무

着^착智^지와 無^무斷^단智^지와 無^무癡^치智^지와 無^무異^이智^지와 無^무失^실智^지와 無^무

量^량智^지와 無^무勝^승智^지와 無^무懈^해智^지와 無^무奪^탈智^지하시니 何^하以^이故^고오

此^차三^삼昧^매力^력이 法^법如^여是^시故^고니라

"이때에 모든 부처님이 법혜보살에게 걸림 없는 지혜와, 집착 없는 지혜와, 끊어짐이 없는 지혜와, 어리석음이 없는 지혜와, 다름이 없는 지혜와, 잃어버림이 없는 지혜와, 한량없는 지혜와, 이길 수 없는 지혜와, 게으름이 없는 지혜와, 빼앗을 수 없는 지혜를 주셨으니 이 무슨 까닭인가. 이 삼매의 힘이라는 법이 이와 같은 연고니라."

뜻의 가피는 열 가지 지혜를 주는 것이다. 이와 같이 뛰어난 지혜를 부처님이 주시고 보살이 받을 수 있는 것은 법혜

보살의 삼매의 힘이라는 법이 으레 이와 같은 까닭이다. 부처님의 가피는 가피를 받을 사람이 받을 준비가 되어 있으면 부처님은 언제든지 주신다. 어떤 경로를 거쳐서 어떻게 나타나든지 반드시 가피는 있다. 보배가 하늘 가득 중생을 이익하게 하려고 비가 내리듯이 내리고 있다. 다만 중생들의 그릇이 반듯하게 놓여 있어야 한다. 그리고 그릇의 크기에 따라 담기는 보배의 양도 각각 다르다.

7) 몸의 가피

是時에 諸佛이 各伸右手하사 摩法慧菩薩頂하신대
시 시   제 불   각 신 우 수   마 법 혜 보 살 정

法慧菩薩이 卽從定起하야 告諸菩薩言하사대
법 혜 보 살   즉 종 정 기   고 제 보 살 언

이때에 모든 부처님이 오른손을 펴시어 법혜보살의 이마를 어루만지시니 법혜보살이 선정으로부터 일어나서 여러 보살들에게 말하였습니다.

끝으로 몸의 가피다. 말씀으로 하고, 마음으로 지혜를 주시고, 오른손을 펴서 법혜보살의 이마를 쓰다듬는다. 그러자 법혜보살이 삼매에서 일어난다. 그리고 곧 모든 보살들에게 보살의 열 가지 주처에 대해서 설법한다. 경전에서 설법하는 이와 같은 형식대로 불교의 모든 법회에서도 잠깐이지만 선정에 들었다가 일어나서 설법하는 것이다.

2. 보살 십주十住

1) 머무는 곳의 체상體相

불자 보살주처   광대   여법계허공등
佛子야 菩薩住處가 廣大하야 與法界虛空等이니라

불자 보살 주삼세제불가   피보살주 아
佛子야 菩薩이 住三世諸佛家하나니 彼菩薩住를 我

금 당 설
今當說호리라

"불자들이여, 보살의 머무는 곳이 넓고 커서 법계 허
공과 같으니라. 불자들이여, 보살이 삼계의 모든 부처
님의 집에 머무나니 저 보살의 머무는 것을 내가 이제
마땅히 설하리라."

보살이 머무는 곳이 열 가지가 있다. 그 열 가지 머무는 곳의 근본인 체상이 있는데 과거와 미래와 현재 모든 부처님의 집에 머무는 것이다. 부처님의 집에 머무는 것으로부터 열 가지로 나누어진다. 이것이 십주다. 즉 일체 불자가 발심하여 공부를 하거나 기도를 하거나 수행을 하는 데는 언제나 부처님의 집을 떠나지 않고 이뤄진다는 사실이다. 그러므로 우리 모든 불자들은 이미 자신도 모르는 사이에 부처님의 집에서 부처님과 함께 살고 있다는 뜻이다. 법혜보살이 부처님의 집에 머무는 열 가지 모습을 설명한다.

2) 이름을 열거하다

제 불 자 보 살 주 유 십 종 과 거 미 래 현 재
諸佛子야 **菩薩住**가 **有十種**하니 **過去未來現在**

제 불   이 설 당 설 금 설   하 자 위 십   소 위
諸佛이 **已說當說今說**이시니라 **何者**가 **爲十**고 **所謂**

초 발 심 주 치 지 주 수 행 주 생 귀 주 구 족 방
初發心住와 **治地住**와 **修行住**와 **生貴住**와 **具足方**

편주　정심주　불퇴주　동진주　법왕자주
便住와 正心住와 不退住와 童眞住와 法王子住와

관정주　시명보살십주　거래현재제불　소설
灌頂住라 是名菩薩十住니 去來現在諸佛의 所說
이시니라

"모든 불자들이여, 보살이 머무는 것이 열 가지가 있
으니, 과거와 미래와 현재의 모든 부처님이 이미 말씀
하셨고, 앞으로 말씀하실 것이며, 지금 말씀하시니라.
무엇이 열 가지인가. 이른바 초발심주初發心住와 치지주治
地住와 수행주修行住와 생귀주生貴住와 구족방편주具足方便住
와 정심주正心住와 불퇴주不退住와 동진주童眞住와 법왕자주
法王子住와 관정주灌頂住니라. 이것을 보살의 열 가지 머무
는 곳이라 이름하니라. 과거, 미래, 현재의 모든 부처님
들이 모두 설하시는 것이니라."

십주의 이름을 열거하면서 이 십주법문은 과거, 미래, 현
재의 모든 부처님이 설하시는 것이라는 점을 특별히 강조하
였다. 언제 어디서나 부처님의 집에 머무는 보살은 반드시
이와 같은 절차와 과정을 밟아야 한다는 뜻이다.

3) 제1 발심주發心住

(1) 발심의 열 가지 일

佛子야 云何爲菩薩發心住오 此菩薩이 見佛世
尊의 形貌端嚴과 色相圓滿과 人所樂見과 難可値
遇와 有大威力하며 或見神足하며 或聞記莂하며 或
聽敎誡하며 或見衆生의 受諸劇苦하며 或聞如來의
廣大佛法하고 發菩提心하야 求一切智니라

"불자여, 어떤 것이 보살의 발심주인가. 이 보살이 부처님 세존의 형상이 단정하고 상호가 원만하여 사람들이 보기를 즐겨 하며, 만나 뵙기 어렵고 큰 위신력이 있음을 보며, 혹은 신통을 보며, 혹은 수기함[記莂]을 들으며, 혹은 가르침을 들으며, 혹은 중생들이 온갖 고통 받는 것을 보며, 혹은 여래의 넓고 큰 불법을 듣고 보리심을 내어서 온갖 지혜를 구하느니라."

처음 발심하여 부처님 집에 머무는 보살은 이와 같은 사실을 보고 이와 같은 사실을 듣는다고 하였다. 쉽게 말하면 우리 불자들이 불교에 처음 마음을 내게 된 사유가 무엇인가이다. 첫째는 부처님의 모습이 훌륭한 점을 보고, 또는 부처님과 관계된 수행 환경과 예술적 아름다움을 보고 마음을 내었다. 둘째는 불법이 뛰어난 것을 들었기 때문이다. 그 불법은 모든 사람이 본래로 부처임을 보증한다는 사실과 교훈적 가르침과 철학적 심오한 이치들이다. 이와 같은 것 등등의 보고 들은 사실로 인하여 발심하였다. 그 외에도 부모님의 천도를 위하여, 자녀들 진학을 위하여, 사업의 성공을 위하여, 병고를 치유하기 위하여 등등의 인연으로 불교에 귀의하게 되었다.

(2) 열 가지 얻기 어려운 법

차 보살　연 십 종 난 득 법　이 발 어 심　　하
此菩薩이 緣十種難得法하야 而發於心하나니 何

자　위 십　소 위 시 처 비 처 지　선 악 업 보 지　제
者가 爲十고 所謂是處非處智와 善惡業報智와 諸

근승렬지　　종종해차별지　　종종계차별지　　일
根勝劣智와 **種種解差別智**와 **種種界差別智**와 **一**

체지처도지　　제선해탈삼매지　　숙명무애지
切至處道智와 **諸禪解脫三昧智**와 **宿命無礙智**와

천안무애지　　삼세누보진지　　시위십
天眼無礙智와 **三世漏普盡智**니 **是爲十**이니라

"이 보살이 열 가지 얻기 어려운 법을 인연해서 마음을 내나니 무엇이 열 가지인가. 이른바 옳은 곳과 그른 곳을 아는 지혜와, 선악의 업으로 받는 과보를 아는 지혜와, 모든 근기의 수승하고 하열함을 아는 지혜와, 갖가지 이해의 차별을 아는 지혜와, 갖가지 경계의 차별을 아는 지혜와, 모든 것에 이르러 갈 곳을 아는 지혜와, 모든 선정과 해탈과 삼매를 아는 지혜와, 숙명을 걸림 없이 아는 지혜와, 천안이 걸림이 없는 지혜와, 삼세의 번뇌가 모두 다한 지혜이니, 이것이 열 가지니라."

또 불교에 발심하게 된 인연으로는 부처님의 위대한 열 가지 힘[十力]이 있음을 알고 발심하게 되었다. 위에서 밝힌 발심의 열 가지 일이 일반적인 발심이라면 열 가지 얻기 어려

운 법을 인연하여 발심한 것은 보다 차원이 높은 경지이다. 이와 같이 발심에도 낮은 발심과 높은 발심 등 여러 가지 경우가 있다. 부모님의 천도를 위해서 불교와 인연을 맺었다가 끝내 진정한 불법에 높은 신심을 발하여 훌륭한 보살이 되기도 한다. 그러므로 아무리 신심이 얕은 중생이라도 소홀히 여겨서는 안 된다.

(3) 열 가지 법을 배우기를 권함

불자 차보살 응권학십법 하자 위십
佛子야 此菩薩이 應勸學十法이니 何者가 爲十고

소위근공양불 낙주생사 주도세간 영제
所謂勤供養佛과 樂住生死와 主導世間하야 令除

악업 이승묘법 상행교회 탄무상법 학
惡業과 以勝妙法으로 常行敎誨와 歎無上法과 學

불공덕 생제불전 항몽섭수 방편연설적
佛功德과 生諸佛前하야 恒蒙攝受와 方便演說寂

정삼매 찬탄원리생사윤회 위고중생 작
靜三昧와 讚歎遠離生死輪廻와 爲苦衆生하야 作

귀 의 처
歸依處니라

　"불자여, 이 보살이 마땅히 열 가지 법을 배우기를 권할지니 무엇이 열 가지인가. 이른바 부지런히 부처님께 공양함과, 생사에 머물기를 좋아함과, 세간을 주도하여 악한 업을 버리게 함과, 수승하고 미묘한 법으로 항상 가르침을 행함과, 위없는 법을 찬탄함과, 부처님의 공덕을 배움과, 모든 부처님 앞에 태어나서 항상 섭수攝受함을 입음과, 방편으로 적정삼매를 연설함과, 생사윤회를 멀리 떠남을 찬탄함과, 고통 받는 중생을 위해서 귀의할 곳이 되는 것이니라."

　불법에 마음을 낸 사람은 반드시 열 가지 법을 배워야 한다. 일체 중생과 일체 생명을 모두 부처님으로 받들어 섬기며 법공양으로 공양하고 공경하고 존중 찬탄하여야 한다. 생사를 떠나려 하지 말고 중생과 함께 생사에 머물기를 좋아하여야 한다. 세간의 주인이 되어 그들을 잘 인도하여 악업을 짓지 못하게 해야 한다. 수승하고 미묘한 법으로 부처님의 가르침을 항상 실천해야 한다. 항상 최상의 법을 찬탄해야 한다. 부처님의 공덕을 배워야 한다. 모든 부처님 앞에 태어나서 부처님의 섭수함을 입어야 한다. 방편으로 적정삼 매를 연설하여야 한다. 생사윤회를 멀리 떠나기를 찬탄해야 한다. 고통 받는 중생을 위해서 귀의할 곳이 되어야 한다. 진정으로 불교에 마음을 낸 사람이라면 이와 같은 법을 항 상 배워야 한다. 이것이 불자의 의무다.

(4) 까닭을 말하다

하 이 고　　욕 령 보 살　　어 불 법 중 에　심 전 증 광
何以故오 欲令菩薩로 於佛法中에 心轉增廣하고

유 소 문 법　　즉 자 개 해　　불 유 타 교 고
有所聞法에 卽自開解하야 不由他敎故니라

"무슨 까닭인가. 보살들로 하여금 부처님의 법 가운 데서 마음을 더욱 넓게 하며, 들은 법을 스스로 이해해 서 다른 이의 가르침을 말미암지 않게 하려는 연고니라."

열 가지 법을 배우기를 권하는 이유에 대해서 밝혔다. 위 에서 열거한 열 가지 법을 배우게 되면 불법에 대한 마음이

더욱 넓어진다. 그리고 그동안 듣고 배운 법을 스스로 깨닫게 되어 다른 이의 가르침에 의지하지 않아도 되도록 하기 위해서다. 진실한 법과 궁극의 법은 모두 자신에게 이미 내재되어 있기 때문이다.

4) 제2 치지주治地住

(1) 중생에게 열 가지 마음을 낸다

불자 운하위보살치지주 차보살 어제중
佛子야 **云何爲菩薩治地住**오 **此菩薩**이 **於諸衆**

생 발십종심 하자 위십 소위이익심
生에 **發十種心**하나니 **何者**가 **爲十**고 **所謂利益心**과

대비심 안락심 안주심 연민심 섭수심
大悲心과 **安樂心**과 **安住心**과 **憐愍心**과 **攝受心**과

수호심 동기심 사심 도사심 시위십
守護心과 **同己心**과 **師心**과 **導師心**이니 **是爲十**이니라

"불자여, 어떤 것이 보살의 치지주인가. 이 보살은 중생들에 대하여 열 가지 마음을 내나니 무엇이 열인

가. 이른바 이익을 주려는 마음, 크게 불쌍히 여기는 마음[大悲心], 안락케 하려는 마음, 편안히 머물게 하려는 마음, 가엾이 여기는 마음, 거두어 주려는 마음, 수호하려는 마음, 내 몸과 같이 여기는 마음, 스승같이 여기는 마음, 도사導師같이 여기는 마음이니, 이것이 열 가지니라."

발심을 하고 나면 다음에는 자신을 다스리는 단계이다. 자신을 다스리는 것은 나 아닌 다른 사람들을 대할 때 어떤 마음을 내어야 하는가 하는 점이다. 사람을 대할 때마다 경문에서 열거한 열 가지 마음을 내고, 필요하다면 주저하지 말고 곧바로 행동으로 옮겨야 한다. 이것이 자신을 다스리는 방법이다. 어떤가? 사람을 대할 때 이익을 주려고 하는가? 불쌍하게 여기는가? 안락하게 하려 하는가? 편안히 머물게 하는가? 내 몸과 같이 여기는가? 스승과 같이 여기는가?

(2) 열 가지 법을 배우기를 권함

불자 차보살 응권학십법   하자 위십
佛子야 此菩薩이 應勸學十法이니 何者가 爲十고

소위송습다문 허한적정 근선지식 발언화
所謂誦習多聞과 虛閑寂靜과 近善知識과 發言和

열 어필지시 심무겁포 요달어의 여법수
悅과 語必知時와 心無怯怖와 了達於義와 如法修

행 원리우미 안주부동
行과 遠離愚迷와 安住不動이니라

"불자들이여, 보살은 마땅히 열 가지 법을 배우기를
권할 것이니 열 가지 법이란 무엇인가. 이른바 외우고
익혀 많이 아는 것, 한가하여 고요한 것, 선지식을 친근
하는 것, 화평하고 즐겁게 말하는 것, 말을 할 시기를
아는 것, 두려운 마음이 없는 것, 이치를 잘 아는 것, 법
대로 행하는 것, 어리석음을 멀리 여의는 것, 편안히 머
물러 움직이지 않는 것이니라."

치지주治地住에서 마땅히 배워야 할 열 가지 법이다. 자신
을 다스리려면 성인의 바른 가르침을 외우고 익혀 많이 아는
것이며, 한가하고 고요히 지내는 것이며, 선지식을 친근하는

것 등등을 배워야 한다.

(3) 까닭을 말하다

하 이 고　욕 령 보 살　어 제 중 생　증 장 대 비
何以故오 **欲令菩薩**로 **於諸衆生**에 **增長大悲**하고

유 소 문 법　즉 자 개 해　　불 유 타 교 고
有所聞法에 **卽自開解**하야 **不由他教故**니라

"무슨 까닭인가. 보살들로 하여금 중생에 대하여 대
비심을 증장케 하며, 법을 듣고는 스스로 이해하고 다
른 이의 가르침을 말미암지 않게 하려는 연고니라."

치지주에서 열 가지 법을 마땅히 배워야 하는 이유에 대
해서 밝혔다. 중생을 위한 대비심을 더욱 증장케 하여 들은
법문을 스스로 깨닫고 다른 사람의 가르침을 의지하지 않
아도 되도록 하기 위함이다. 진실한 법과 궁극의 법은 모두
자신에게 이미 내재되어 있기 때문이다.

5) 제3 수행주修行住

(1) 열 가지 행으로 온갖 법을 관찰한다

불자야 운하위보살수행주오 차보살이 이십종
佛子야 云何爲菩薩修行住오 此菩薩이 以十種

행으로 관일체법하나니 하등이 위십고 소위관일체
行으로 觀一切法하나니 何等이 爲十고 所謂觀一切

법무상과 일체법고와 일체법공과 일체법무아와
法無常과 一切法苦와 一切法空과 一切法無我와

일체법무작과 일체법무미와 일체법불여명과 일
一切法無作과 一切法無味와 一切法不如名과 一

체법무처소와 일체법이분별과 일체법무견실이니
切法無處所와 一切法離分別과 一切法無堅實이니

시위십이니라
是爲十이니라

"불자들이여, 어떤 것을 보살의 수행주라 하는가. 이
보살이 열 가지 행으로 일체 법을 관찰하나니 그 열 가
지 행이란 무엇인가. 이른바 일체 법이 무상하고, 일체
법이 괴롭고, 일체 법이 공하고, 일체 법이 내가 없고,
일체 법이 지음이 없고, 일체 법이 맛이 없고, 일체 법

이 이름과 같지 않고, 일체 법이 처소가 없고, 일체 법이 분별을 여의었고, 일체 법이 견실堅實함이 없음을 관찰하는 것이니, 이것이 열이니라."

불교를 수행의 종교라 한다. 진정한 수행자라면 세상과 인생을 보는 관점이 어떠해야 하는가를 밝혔다. 수행자는 세상사나 자신의 인생이나 부귀공명 일체가 무상無常, 고苦, 공空, 무아無我, 무작無作, 무미無味, 불여명不如名, 무처소無處所, 이분별離分別, 무견실無堅實임을 철저히 깨달아야 한다. 세상과 인생을 보는 눈이 이와 같지 못하고 수행을 한다는 것은 그야말로 사상누각이다. 세상에는 사상누각을 짓는 수행자가 얼마나 많은가.

(2) 열 가지 법을 배우기를 권함

불자   차보살   응권학십법   하자   위십
佛子야 此菩薩이 應勸學十法이니 何者가 爲十고

소위관찰중생계   법계   세계   관찰지계   수
所謂觀察衆生界와 法界와 世界며 觀察地界와 水

계　　　화계　　풍계　　관찰욕계　　색계　　무색계
界와 火界와 風界며 觀察欲界와 色界와 無色界니라

　"불자들이여, 보살은 마땅히 열 가지 법을 배우기를 권할 것이니 무엇이 열인가. 이른바 중생계와 법계와 세계를 관찰하며, 지계地界와 수계水界와 화계火界와 풍계風界를 관찰하며, 욕계欲界와 색계色界와 무색계無色界를 관찰함이니라."

　수행주에서는 중생계와 법계와 세계의 현상과 그 본질을 관찰하며, 지수화풍의 현상과 그 본질을 관찰하며, 삼계의 현상과 그 본질을 관찰해서 어디에도 걸리지 아니하고 자유롭게 수용하는 법을 배운다.

(3) 까닭을 말하다

하 이 고　　욕 령 보 살　　지 혜 명 료　　유 소 문 법
何以故오 欲令菩薩로 智慧明了하고 有所聞法

즉 자 개 해　　불 유 타 교 고
에 卽自開解하야 不由他教故니라

"무슨 까닭인가. 보살들로 하여금 지혜를 분명하게 하며 법을 듣고는 스스로 이해하고 다른 이의 가르침을 말미암지 않게 하려는 연고니라."

열 가지 법을 왜 배우는가를 밝혔다. 보살들로 하여금 지혜가 더욱 명료해져서 법문 들은 것에 대해서 스스로 이해하고 다른 사람의 가르침을 말미암지 않도록 하기 위함이다. 진실한 법과 궁극의 법은 모두 자신에게 이미 내재되어 있기 때문이다.

6) 제4 생귀주生貴住

(1) 열 가지 법을 성취하다

불자 운하위보살생귀주 차보살 종성교
佛子야 云何爲菩薩生貴住오 此菩薩이 從聖教

중생 성취십법 하자 위십 소위영불
中生하야 成就十法하나니 何者가 爲十고 所謂永不

퇴전　　어제불소　　심생정신　　선관찰법　　요지
退轉과 **於諸佛所**에 **深生淨信**과 **善觀察法**과 **了知**

중생　　국토　　세계　　업행　　과보　　생사　　열반
衆生과 **國土**와 **世界**와 **業行**과 **果報**와 **生死**와 **涅槃**

　　시 위 십
이니 **是爲十**이니라

"불자들이여, 어떤 것을 보살의 생귀주라 하는가. 보살은 성인의 교법으로부터 태어나서 열 가지 법을 성취하나니, 무엇이 열인가. 이른바 영원히 퇴전하지 아니하며, 모든 부처님께 청정한 믿음을 깊이 내며, 법을 잘 관찰하며, 중생과 국토와 세계와 업의 행[業行]과 과보와 생사와 열반을 잘 아는 것이니, 이것이 열이니라."

생귀주란 귀족 중에 태어나서 귀족으로 머문다는 뜻이다. 즉 부처님의 가르침으로부터 태어나서 부처님의 제자가 되며 부처님의 자녀가 된다는 것이다. 의법출생依法出生이라는 말도 있다. 법에 의해서 다시 태어난다는 뜻이다. 실로 모든 불교인은 부처님의 가르침에 의해서 새롭게 태어나야 한다. 그래서 불계佛戒를 받으면 불위佛位에 오른다고 하였다.

그러므로 한번 왕자로 태어나면 그가 설사 큰 잘못을 범했더라도 서민이 되지는 않듯이 불법 중에서 퇴전하지 않는다. 또 누구나 출가하여 수행자가 되면 모두 세속의 성씨姓氏를 버리고 동일하게 석씨釋氏의 성을 갖는 것도 이 때문이다. 다시 부처님의 처소에서 청정한 믿음을 내며, 부처님의 법을 잘 관찰하며, 부처님의 진정한 제자로서 중생과 국토와 세계와 업행과 과보와 생사와 열반 등을 잘 아는 것이다.

(2) 열 가지 법을 배우기를 권함

불자 차보살 응권학십법 하자 위십
佛子야 **此菩薩**이 **應勸學十法**이니 **何者**가 **爲十**고

소위요지과거 미래 현재 일체불법 수집
所謂了知過去와 **未來**와 **現在**의 **一切佛法**하며 **修集**

과거 미래 현재 일체불법 원만과거 미
過去와 **未來**와 **現在**의 **一切佛法**하며 **圓滿過去**와 **未**

래 현재 일체불법 요지일체제불평등
來와 **現在**의 **一切佛法**하며 **了知一切諸佛平等**이니라

"불자들이여, 이 보살이 마땅히 열 가지 법을 배우기를 권할 것이니, 무엇이 열인가. 이른바 과거와 미래와

현재의 일체 부처님 법을 분명히 알며, 과거와 미래와
현재의 일체 부처님 법을 닦아 모으며, 과거와 미래와
현재의 일체 부처님 법을 원만히 하며, 일체 부처님 법
의 평등함을 분명하게 아는 것이니라."

확실한 부처님의 제자가 되고 확실한 부처님의 아들딸이
되었다면 반드시 수학해야 할 법이 있다. 과거와 미래와 현
재의 일체 부처님 법을 분명히 알아야 하며, 법을 닦아 모아
야 하며, 법을 원만히 하여야 하며, 법의 평등함을 분명하게
아는 일이다. 예컨대 만약 왕족으로 태어났으면 당연히 왕
가의 법도를 배워야 하는 것과 같다.

(3) 까닭을 말하다

하 이 고　　욕 령 증 진　　　어 삼 세 중　　　심 득 평 등
何以故오 **欲令增進**하야 **於三世中**에 **心得平等**

　유 소 문 법　　　즉 자 개 해　　　불 유 타 교 고
하고 **有所聞法**에 **卽自開解**하야 **不由他敎故**니라

"무슨 까닭인가. 그로 하여금 더욱 증진하여 세 세상
가운데서 마음을 평등하게 하려 함이며, 법을 듣고는

스스로 이해하고 다른 이의 가르침을 말미암지 않게 하려는 연고이니라."

생귀주에서 열 가지 법을 배우는 이유를 밝혔다. 제3 수행주에서 수행한 단계보다 더욱 더 증진하여 삼세 가운데 마음이 평등하고 들은 법을 스스로 깨달아 다른 사람의 가르침을 의지하지 않도록 하려는 것이다. 진실한 법과 궁극의 법은 모두 자신에게 이미 내재되어 있기 때문이다.

7) 제5 구족방편주具足方便住

(1) 선근의 열 가지 일

불 자   운 하 위 보 살 구 족 방 편 주   차 보 살   소
佛子야 **云何爲菩薩具足方便住**오 **此菩薩**의 **所**

수 선 근   개 위 구 호 일 체 중 생   요 익 일 체 중 생
修善根이 **皆爲救護一切衆生**하며 **饒益一切衆生**

      안 락 일 체 중 생   애 민 일 체 중 생   도 탈 일
하며 **安樂一切衆生**하며 **哀愍一切衆生**하며 **度脫一**

체 중생　　　영 일 체 중 생　　　이 제 재 난　　　영 일 체
切衆生하며 令一切衆生으로 離諸災難하며 令一切

중 생　　　출 생 사 고　　　영 일 체 중 생　　　발 생 정 신
衆生으로 出生死苦하며 令一切衆生으로 發生淨信

　　영 일 체 중 생　　　실 득 조 복　　　영 일 체 중 생
하며 令一切衆生으로 悉得調伏하며 令一切衆生으로

함 증 열 반
咸證涅槃이니라

　"불자들이여, 어떤 것을 보살의 구족방편주라 하는
가. 이 보살이 닦는 선근은 모두 일체 중생을 구호하며,
일체 중생을 요익케 하며, 일체 중생을 안락케 하며, 일
체 중생을 가엾이 여기며, 일체 중생을 제도하여 해탈
케 하며, 일체 중생으로 하여금 모든 재난을 여의게 하
며, 일체 중생으로 하여금 생사의 고통에서 벗어나게
하며, 일체 중생으로 하여금 청정한 신심을 내게 하며,
일체 중생으로 하여금 다 조복함을 얻게 하며, 일체 중
생으로 하여금 열반을 증득케 하려는 것이니라."

　보살이 구족방편주에서 선근을 닦아 열 가지 일을 한다.
일체 중생을 구호하며 요익·안락·애민·도탈케 하며, 또

일체 중생으로 하여금 재난과 생사의 고통에서 벗어나게 하며, 청정한 믿음을 내게 하며, 조복을 얻게 하며, 열반을 증득하게 한다. 이와 같이 보살이 중생을 위해서 하는 모든 일이 방편이다. 진정한 불자는 언제나 자신 중생을 위해서 이와 같이 해야 하며, 다른 중생을 위해서도 또한 이와 같이 해야 한다.

(2) 열 가지 법을 배우기를 권함

불자 차보살 응권학십법 하자 위십
佛子야 **此菩薩**이 **應勸學十法**이니 **何者**가 **爲十**고

소위 지중생무변 지중생무량 지중생무수
所謂知眾生無邊과 **知眾生無量**과 **知眾生無數**와

지중생부사의 지중생무량색 지중생불가량
知眾生不思議와 **知眾生無量色**과 **知眾生不可量**과

지중생공 지중생무소작 지중생무소유 지
知眾生空과 **知眾生無所作**과 **知眾生無所有**와 **知**

중생무자성
眾生無自性이니라

"불자들이여, 보살은 마땅히 열 가지 법을 배우기를 권할 것이니, 열 가지 법이란 무엇인가. 이른바 중생이 끝없음을 알며, 중생이 한량없음을 알며, 중생이 수가 없음을 알며, 중생이 부사의함을 알며, 중생의 한량없는 몸을 알며, 중생이 헤아릴 수 없음을 알며, 중생이 공함을 알며, 중생이 지음이 없음을 알며, 중생이 있는 바가 없음을 알며, 중생이 제 성품 없음을 아는 것이니라."

일체 중생을 구호하며, 일체 중생을 요익케 하며, 일체 중생을 안락케 하려면 중생의 무변함과 중생의 한량없음과 중생의 수가 없음을 잘 알아야 한다. 또 한편 중생이 공하고, 중생이 지음이 없고, 중생이 없고, 중생이 제 성품이 없음을 알아야 한다. 서로가 상반되는 견해 같으나 있음과 없음에 자유로워야 중생을 구호하고 중생을 요익하게 하고 중생을 안락하게 할 수 있다. 있음과 없음에 치우친 사람은 결코 훌륭한 보살행을 할 수 없기 때문이다.

(3) 까닭을 말하다

하이고 욕령기심   전부중승   무소염
何以故오 欲令其心으로 轉復增勝하야 無所染

착   유소문법 즉자개해   불유타교고
着하고 有所聞法에 卽自開解하야 不由他教故니라

"무슨 까닭인가. 그 마음이 더욱 더 수승하여 물들어
집착하지 않게 하며, 법을 듣고는 스스로 이해하고 다
른 이의 가르침을 말미암지 않게 하려는 연고니라."

구족방편주에서 열 가지 법을 배우는 이유를 밝혔다. 생
귀주에서 수행한 마음을 더욱 더 수승하게 하며 물들어 집
착하지 않게 하여 법을 들은 것에 대하여는 스스로 깨닫고
다른 이를 의지하지 않도록 하기 위함이다. 진실한 법과 궁
극의 법은 모두 자신에게 이미 내재되어 있기 때문이다.

8) 제6 정심주正心住

(1) 믿음이 결정되어 흔들리지 않는다

佛子야 云何爲菩薩正心住오 此菩薩이 聞十種

法하고 心定不動하나니 何者가 爲十고 所謂聞讚佛

毁佛하고 於佛法中에 心定不動하며 聞讚法毁法하고

於佛法中에 心定不動하며 聞讚菩薩毁菩薩하고

於佛法中에 心定不動하며 聞讚菩薩毁菩薩所行

法하고 於佛法中에 心定不動하나라

"불자들이여, 어떤 것을 보살의 정심주라 하는가. 이 보살이 열 가지 법을 듣고 마음이 결정되어 흔들리지 아니하나니, 무엇이 열인가. 이른바 부처님을 찬탄하거나 부처님을 훼방함을 듣고도 불법佛法 가운데 마음이 결정되어 흔들리지 아니하며, 법을 찬탄하거나 법을 훼방함을 듣고도 불법 가운데 마음이 결정되어 흔들리지 아니하며, 보살을 찬탄하거나 보살을 훼방함을 듣고도 불법 가운데 마음이 결정되어 흔들리지 아니하며, 보살을 찬탄하거나 보살이 행하는 법을 훼방함을 듣고도 불법 가운데 마음이 결정되어 흔들리지 아니함이니라."

정심주란 어떠한 상황에서도 보살의 마음이 태산부동으로 안정되어 흔들리지 않는 경지를 말한다. 첫째는 부처님과 부처님의 법과 보살과 보살이 행하는 법에 대한 마음가짐이다. 불법을 신봉하며 살다 보면 때로는 부처님을 훼방하는 말을 듣기도 하고 찬탄하는 말을 듣기도 한다. 또한 부처님의 법에 대해서나 부처님의 법을 따르는 불자들에 대해서나 불자들이 하는 일에 대해서도 훼방하거나 찬탄하는 말을 듣게도 된다. 특히 우리나라는 다종교 사회이다 보니 여러 종교가 혼재하여 있어서 훼불毁佛과 훼법毁法 사건이 종종 일어난다. 그때마다 참으로 갈등할 때가 많다. 분연히 일어나서 맞서 싸워야 하는가, 아니면 태산부동으로 마음이 흔들리지 않아야 하는가.

문 설 중 생　유 량 무 량　　어 불 법 중　심 정 부
聞說衆生의 有量無量하고 於佛法中에 心定不

동　　문 설 중 생　유 구 무 구　　어 불 법 중　심 정
動하며 聞說衆生의 有垢無垢하고 於佛法中에 心定

부 동　　문 설 중 생　이 도 난 도　　어 불 법 중　심
不動하며 聞說衆生의 易度難度하고 於佛法中에 心

정 부 동
定不動하니라

"또 중생이 한량 있다거나 한량없다고 말함을 듣고
도 불법 가운데 마음이 결정되어 흔들리지 아니하며, 중
생이 때가 있다거나 때가 없다고 말함을 듣고도 불법
가운데 마음이 결정되어 흔들리지 아니하며, 중생이 제
도하기 쉽다거나 제도하기 어렵다고 말함을 듣고도 불
법 가운데 마음이 결정되어 흔들리지 아니함이니라."

다음에는 중생에 대한 문제에 봉착했을 때 불법 가운데
마음이 결정되어 흔들리지 않음을 밝혔다. 필자도 한때 그
런 생각을 하였다. '지구상에 인구가 자꾸 불어나는데 그 사
람들은 도대체 어디에서 살다가 죽어서 이곳에 태어나는가?
다른 동물이 죽어서 사람으로 태어나는가?'

문설법계 유량무량 어불법중 심정부
聞說法界의 有量無量하고 於佛法中에 心定不

동 문설법계 유성유괴 어불법중 심정
動하며 聞說法界의 有成有壞하고 於佛法中에 心定

부동 문설법계 약유약무 어불법중 심
不動하며 聞說法界의 若有若無하고 於佛法中에 心

정부동 시위십
定不動하니 是爲十이니라

"또 법계가 한량이 있다거나 한량없다고 말함을 듣
고도 불법 가운데 마음이 결정되어 흔들리지 아니하며,
법계가 이룩하는 것도 있고 무너지는 것도 있다고 말함
을 듣고도 불법 가운데 마음이 결정되어 흔들리지 아니
하며, 법계가 있다거나 없다거나 말함을 듣고도 불법
가운데 마음이 결정되어 흔들리지 아니하나니, 이것이
열이니라."

마지막에는 법계에 대한 문제에 불법 가운데 마음이 안
정되어 흔들리지 않음을 밝혔다. 정심주는 그 어떤 문제에
봉착하더라도 마음이 흔들리지 않는 지위다. 법계가 한량이

있다거나 없다거나, 또 이뤄지고 무너짐이나, 있음과 없음에 대해서 마음이 안정되어 흔들리지 않는다.

(2) 열 가지 법을 배우기를 권함

불자 차보살 응권학십법   하자   위십
佛子야 **此菩薩**이 **應勸學十法**이니 **何者**가 **爲十**고

소위일체법무상   일체법무체   일체법불가
所謂一切法無相과 **一切法無體**와 **一切法不可**

수   일체법무소유   일체법무진실   일체법공
修와 **一切法無所有**와 **一切法無眞實**과 **一切法空**과

일체법무성   일체법여환   일체법여몽   일체
一切法無性과 **一切法如幻**과 **一切法如夢**과 **一切**

법무분별
法無分別이니라

"불자들이여, 보살은 마땅히 열 가지 법을 배우기를 권할 것이니, 무엇이 열인가. 이른바 일체 법이 모양이 없고, 일체 법이 자체가 없고, 일체 법이 닦을 수가 없고, 일체 법이 있는 것이 없고, 일체 법이 진실하지 않

고, 일체 법이 공하고, 일체 법이 성품이 없고, 일체 법이 환영과 같고, 일체 법이 꿈과 같고, 일체 법이 분별이 없는 것이니라."

보살이 마음이 안정되어 흔들리지 않으려면 일체 법을 이와 같이 알고 이와 같이 수용해야 한다. 금강경에 "일체 유위의 법은 마치 꿈과 같고, 환영과 같고, 물거품과 같고, 그림자와 같고, 이슬과 같고, 번갯불과 같은 것으로 관찰하라."[10]라고 하였다. 이것이 세상을 보고 인생을 보는 기본이다. 이와 같은 관점에서 벗어나면 그때부터 온갖 문제와 집착과 고뇌에 얽매여 진흙탕물 속을 허우적거리게 된다. 유의하고 또 유의할 일이다.

(3) 까닭을 말하다

하 이 고　　욕 령 기 심　　　전 부 증 진　　　득 불 퇴
何以故오 **欲令其心**으로 **轉復增進**하야 **得不退**

---

10) 一切有爲法 如夢幻泡影 如露亦如電 應作如是觀.

転 무 생 법 인   유 소 문 법   즉 자 개 해   불 유
轉無生法忍하고 **有所聞法**에 **即自開解**하야 **不由**

타 교 고
他敎故니라

"무슨 까닭인가. 그 마음으로 하여금 더욱 더 증진하여 퇴전하지 않는 무생법인無生法忍을 얻게 하려 함이며, 법을 듣고는 스스로 이해하고 남의 가르침을 말미암지 않게 하려는 연고니라."

일체 유위법을 왜 이와 같이 배워야 하는가. 수행하는 마음을 더욱 증진하여 생멸이 없고 생사가 없고 증감이 없고 기멸이 없는 진리에서 퇴전하지 아니하고, 자신이 들은 법에 대해서 스스로 깨닫고 다른 사람의 가르침을 의지하지 않게 하기 위함이다. 진실한 법과 궁극의 법은 모두 자신에게 이미 내재되어 있기 때문이다.

9) 제7 불퇴주不退住

(1) 열 가지 법을 듣고 퇴전하지 않는다

佛子야 云何爲菩薩不退住오 此菩薩이 聞十種

法하고 堅固不退하나니 何者가 爲十고 所謂聞有佛

無佛하고 於佛法中에 心不退轉하며 聞有法無法하고

於佛法中에 心不退轉하며 聞有菩薩無菩薩하고

於佛法中에 心不退轉하며 聞有菩薩行無菩薩行

하고 於佛法中에 心不退轉하며 聞有菩薩이 修行出

離修行不出離하고 於佛法中에 心不退轉하며

"불자들이여, 어떤 것이 보살의 불퇴주인가. 이 보살
은 열 가지 법을 듣고 견고하여 물러서지 않나니 무엇
이 열 가지인가. 이른바 부처님이 있다 부처님이 없다

함을 듣고도 불법 가운데서 마음이 물러서지 않는 것이며, 법이 있다 없다 함을 듣고도 불법 가운데서 마음이 물러서지 아니하며, 보살이 있다 보살이 없다 함을 듣고도 불법 가운데서 마음이 물러서지 아니하며, 보살행이 있다 보살행이 없다 함을 듣고도 불법 가운데서 마음이 물러서지 아니하며, 보살이 수행해서 벗어난다 수행해서 벗어나지 못한다 함을 듣고도 불법 가운데서 마음이 물러서지 아니함이니라."

보살의 불퇴전의 지위란, 만약 불법 가운데 발심을 했다면 설사 부처님이 없고, 법이 없고, 수행자가 없고, 수행도 없고, 수행의 결과도 없다 하더라도 그 마음은 태산부동이 되어 결코 물러서지 않는 자세를 말한다. 얼마나 많은 사람들이 불법 가운데 발심을 했다가 이런저런 이유로 퇴전하는가. 안타까운 일이다.

문 과 거 유 불 과 거 무 불   어 불 법 중   심 불 퇴
聞過去有佛過去無佛하고 **於佛法中**에 **心不退**

전　　　문미래유불미래무불　　　어불법중　　심
轉하며 **聞未來有佛未來無佛**하고 **於佛法中**에 **心**

불퇴전　　　문현재유불현재무불　　　어불법중
不退轉하며 **聞現在有佛現在無佛**하고 **於佛法中**에

심불퇴전　　　문불지유진불지무진　　　어불법
心不退轉하며 **聞佛智有盡佛智無盡**하고 **於佛法**

중　심불퇴전　　　문삼세일상삼세비일상　　　어
中에 **心不退轉**하며 **聞三世一相三世非一相**하고 **於**

불법중　심불퇴전　　　시위십
佛法中에 **心不退轉**이니 **是爲十**이니라

"또한 과거에 부처님이 있었다 과거에 부처님이 없
었다 함을 듣고도 불법 가운데서 마음이 물러서지 아니
하며, 미래에 부처님이 있을 것이다 미래에 부처님이
없을 것이다 함을 듣고도 불법 가운데서 마음이 물러서
지 아니하며, 현재에 부처님이 있다 현재에 부처님이
없다 함을 듣고도 불법 가운데서 마음이 물러서지 아니
하며, 부처님의 지혜는 다함이 있다 부처님의 지혜는
다함이 없다 함을 듣고도 불법 가운데서 마음이 물러서
지 아니하며, 삼세가 한 모양이다 삼세가 한 모양이 아
니다 함을 듣고도 불법 가운데서 마음이 물러서지 아니

하나니, 이것이 열 가지니라."

또 눈앞의 문제만이 아니고 과거나 미래에 대해서 또는 부처님의 지혜에 대해서 있고 없음을 듣고서 의심하여 물러서는 경우도 있다. 보살은 결코 자성생명 부처님과 자성생명 법문과 자성생명 불도에 대한 확신을 가지고 위와 같은 일로 퇴전해서는 안 된다. 진실한 법과 궁극의 법은 모두 자신에게 이미 내재되어 있다는 사실을 더욱 굳건히 믿어야 한다.

(2) 열 가지 법을 배우기를 권함

불자 차보살 응권학십종광대법 하자
佛子야 此菩薩이 應勸學十種廣大法이니 何者가

위십 소위설일즉다 설다즉일 문수어의
爲十고 所謂說一卽多와 說多卽一과 文隨於義와

의수어문 비유즉유 유즉비유 무상즉상
義隨於文과 非有卽有와 有卽非有와 無相卽相과

상즉무상 무성즉성 성즉무성
相卽無相과 無性卽性과 性卽無性이니라

"불자들이여, 이 보살이 응당 열 가지 넓고 큰 법 배우기를 권할지니 무엇이 열 가지인가. 이른바 하나가 곧 많은 것이다 말하며, 많은 것이 곧 하나다 말하며, 글이 뜻을 따르고, 뜻이 글을 따르며, 있지 아니한 것이 곧 있는 것이고, 있는 것이 곧 있지 아니한 것이며, 상相 없는 것이 곧 상이며, 상이 곧 상이 없는 것이며, 성품 없는 것이 곧 성품이며, 성품이 곧 성품 없는 것이니라."

불퇴주에서 배워야 할 열 가지 법을 밝혔다. 하나가 곧 많은 것이며 많은 것이 곧 하나라는 이치를 배워야 한다. 글과 뜻, 뜻과 글의 상관관계를 배워야 한다. 유와 무, 유상과 무상, 유성과 무성이 원융무애하고 상즉상입하는 이치를 배워야 한다.

(3) 까닭을 말하다

하 이 고　　욕 령 증 진　　　어 일 체 법　　선 능 출 리
何以故오 欲令增進하야 於一切法에 善能出離

하고 有所聞法에 卽自開解하야 不由他教故니라
<small>유 소 문 법　즉 자 개 해　　불 유 타 교 고</small>

"무슨 까닭인가. 그로 하여금 더 나아가서 모든 법에서 잘 능히 벗어나고, 법을 듣고는 곧 스스로 잘 알아서 다른 이의 가르침을 말미암지 않게 하려는 까닭이니라."

불퇴주에서 열 가지 법을 배우는 이유를 밝혔다. 한 단계 한 단계 밟아 올라갈수록 수행이 더욱 증진하여 번뇌에서 벗어나고 생사에서 벗어나고 잘못된 견해에서 벗어나야 하기 때문이다. 그리고 들은 법에 대해서는 스스로 깨닫고 다른 이의 가르침을 의지하지 않게 하기 위해서다. 진실한 법과 궁극의 법은 모두 자신에게 이미 내재되어 있기 때문이다.

10) 제8 동진주童眞住

(1) 보살은 열 가지 업業에 머문다

佛子야 云何爲菩薩童眞住오 此菩薩이 住十種
<small>불 자　운 하 위 보 살 동 진 주　차 보 살　주 십 종</small>

業하나니 何者가 爲十고 所謂身行無失과 語行無失과
意行無失과 隨意受生과 知衆生種種欲과 知衆生
種種解와 知衆生種種界와 知衆生種種業과 知
世界成壞와 神足自在하야 所行無礙니 是爲十이니라

"불자여, 어떤 것이 보살의 동진주인가. 이 보살이 열
가지 업에 머무나니 무엇이 열 가지인가. 이른바 몸으
로 행함이 잘못됨이 없고, 말로 행함이 잘못됨이 없고,
뜻으로 행함이 잘못됨이 없고, 뜻대로 생生을 받고, 중
생들의 갖가지 욕망을 알고, 중생들의 갖가지 이해를
알고, 중생들의 갖가지 경계를 알고, 중생들의 갖가지
업을 알고, 세계가 이루어지고 무너짐을 알고, 신통이
자재해서 다니는 데 걸림이 없는 것이니, 이것이 열 가
지니라."

동진주의 보살이 열 가지 업에 머무는 것을 밝혔다. 불교
에서는 동진이라는 말을 귀하게 여기며, 동진출가한 사람을

높이 받든다. 어려서 출가하여 세속의 때가 묻지 않아서 수
행하기 가장 좋은 시기이기 때문이다. 그래서 경문에서도 신
·구·의 삼업에 잘못됨이 없다고 하였다.

(2) 열 가지 법을 배우기를 권함

불자 차 보 살   응 권 학 십 종 법   하 자 위
佛子야 此菩薩이 應勸學十種法이니 何者가 爲

십   소 위 지 일 체 불 찰   동 일 체 불 찰   지 일 체 불
十고 所謂知一切佛刹과 動一切佛刹과 持一切佛

찰   관 일 체 불 찰   예 일 체 불 찰   유 행 무 수 세 계
刹과 觀一切佛刹과 詣一切佛刹과 遊行無數世界와

영 수 무 수 불 법   현 변 화 자 재 신   출 광 대 변 만
領受無數佛法과 現變化自在身과 出廣大徧滿

음   일 찰 나 중   승 사 공 양 무 수 제 불
音과 一刹那中에 承事供養無數諸佛이니라

"불자여, 이 보살이 응당히 열 가지 법을 배우기를 권
할지니 무엇이 열 가지인가. 이른바 모든 부처님 세계를
알며, 모든 부처님 세계를 움직이며, 모든 부처님 세계를
가지며, 모든 부처님 세계를 관찰하며, 모든 부처님 세계

에 나아가며, 수없는 부처님 세계에 노닐며, 수없는 부처님 법을 받아들이며, 변화가 자재한 몸을 나타내며, 크고 넓고 두루 가득한 음성을 내며, 일찰나 동안에 수없는 모든 부처님을 받들어 섬기고 공양함이니라."

동진주에서 배워야 할 열 가지 법을 밝혔다. 부처님 세계를 알며, 움직이며, 가지며, 관찰하며, 나아가며, 무수한 세계에 노닐며, 무수한 불법을 받아들이는 것 등이다.

(3) 까닭을 말하다

하 이 고　욕 령 증 진　　어 일 체 법　능 득 선 교
何以故오 **欲令增進**하야 **於一切法**에 **能得善巧**

　　유 소 문 법　즉 자 개 해　불 유 타 교 고
하고 **有所聞法**에 **卽自開解**하야 **不由他教故**니라

"무슨 까닭인가. 그로 하여금 더 나아가서 일체 법에 능히 좋은 방편을 얻고, 법을 듣고는 곧 스스로 잘 이해해서 다른 이의 가르침을 말미암지 않게 하려는 연고니라."

동진주에서 왜 위와 같은 법을 배워야 하는가를 밝혔다. 불교적 삶이란 그가 어느 지위에 있든 무한히 앞으로 나아가는 정진의 삶이다. 동진주에서도 다시 더욱 증진하여 일체 법에 능히 좋은 방편을 얻고 법을 듣고는 스스로 깨닫고 다른 사람의 가르침을 의지하지 않게 하기 위함이다. 진실한 법과 궁극의 법은 모두 자신에게 이미 내재되어 있기 때문이다.

11) 제9 법왕자주法王子住

(1) 열 가지 법을 잘 안다

불자   운하위보살법왕자주   차보살 선지
佛子야 云何爲菩薩法王子住오 此菩薩이 善知

십종법   하자   위십   소위선지제중생수
十種法하나니 何者가 爲十고 所謂善知諸衆生受

생 선지제번뇌현기   선지습기상속   선지소
生과 善知諸煩惱現起와 善知習氣相續과 善知所

행방편   선지무량법   선해제위의   선지세계
行方便과 善知無量法과 善解諸威儀와 善知世界

차별 선지전제후제사 선지연설세제 선지
差別과 善知前際後際事와 善知演說世諦와 善知

연설제일의제 시위십
演說第一義諦니 是爲十이니라

"불자여, 어떤 것이 보살의 법왕자주인가. 이 보살이
열 가지 법을 잘 아나니 무엇이 열 가지인가. 이른바 모
든 중생들이 태어나는 것을 잘 알며, 모든 번뇌가 일어
나는 것을 잘 알며, 습기가 계속되는 것을 잘 알며, 행
할 방편을 잘 알며, 한량없는 법을 잘 알며, 모든 위의
威儀를 잘 알며, 세계의 차별을 잘 알며, 과거의 일과 미
래의 일을 잘 알며, 세상 법을 연설할 줄 잘 알며, 제일
의제第一義諦를 연설할 줄 잘 아는 것이니, 이것이 열 가
지니라."

　법왕인 부처님의 진정한 아들로 머무는 지위이다. 왕이
백성을 다스리려면 백성들의 고충을 잘 알아야 하듯이 법왕
의 아들이 되어 앞으로 중생들을 잘 교화하려면 중생들의 문
제에 대해서 잘 알아야 한다. 그래서 열 가지 법을 잘 아는
내용이다. 중생의 태어남, 번뇌, 습기 상속, 행할 방편, 한량

없는 법, 모든 위의, 세계 차별, 과거의 일과 미래의 일, 세상 법 연설, 제일의제의 연설 등이다. 이와 같은 일을 모르면 중생을 교화할 수 없기 때문이다.

(2) 열 가지 법을 배우기를 권함

佛^불子^자야 此^차菩^보薩^살이 應^응勸^권學^학十^십種^종法^법이니 何^하者^자가 爲^위

十^십고 所^소謂^위法^법王^왕處^처善^선巧^교와 法^법王^왕處^처軌^궤度^도와 法^법王^왕處^처宮^궁

殿^전과 法^법王^왕處^처趣^취入^입과 法^법王^왕處^처觀^관察^찰과 法^법王^왕灌^관頂^정과 法^법

王^왕力^력持^지와 法^법王^왕無^무畏^외와 法^법王^왕宴^연寢^침과 法^법王^왕讚^찬歎^탄이니라

"불자들이여, 이 보살은 응당히 열 가지 법 배우기를 권할지니 무엇이 열 가지인가. 이른바 법왕처法王處의 선교방편과, 법왕처의 법도와, 법왕처의 궁전과, 법왕처에 들어감과, 법왕처를 관찰함과, 법왕의 관정과, 법왕의 힘으로 유지함과, 법왕의 두려움 없음과, 법왕의 편

十五. 십주품 | 住品

211

히 잠잠과, 법왕의 찬탄하는 것이니라."

법왕의 아들로 머물려면 법왕 노릇 하는 법을 배워야 한다. 즉 부처님의 지위를 관장하는 법을 배워야 한다. 법왕의 아들로서 갖춰야 할 것이 많겠으나 가장 중요한 열 가지 법을 배우기를 권한 것이다.

(3) 까닭을 말하다

하 이 고　욕 령 증 진　　심 무 장 애　　유 소 문
何以故오 **欲令增進**하야 **心無障礙**하고 **有所聞**

법　즉 자 개 해　　불 유 타 교 고
法에 **即自開解**하야 **不由他教故**니라

"무슨 까닭인가. 그로 하여금 더 나아가서 마음에 걸림이 없고, 법을 듣고는 스스로 잘 알아서 다른 이의 가르침을 말미암지 않게 하려는 연고니라."

법왕자주에서 열 가지 법을 배우는 이유를 밝혔다. 더욱 더 증진하며 앞으로 나아가서 마음에 장애가 없고 들은 법에 대해서는 스스로 깨닫고 다른 사람의 가르침을 의지하지 않도록 하기 위해서다. 진실한 법과 궁극의 법은 모두 자신에게 이미 내재되어 있음을 더욱 분명히 하는 것이다.

12) 제10 관정주灌頂住

(1) 열 가지 지혜를 성취하다

불자야 云何爲菩薩灌頂住오 此菩薩이 得成就

十種智하나니 何者가 爲十고 所謂震動無數世界와

照耀無數世界와 住持無數世界와 往詣無數世

界와 嚴淨無數世界와 開示無數衆生과 觀察無數

衆生과 知無數衆生根과 令無數衆生趣入과 令無

數衆生調伏이니 是爲十이니라

"불자여, 어떤 것이 보살의 관정주인가. 이 보살이 열 가지 지혜를 성취하나니 무엇이 열 가지인가. 이른 바 수없는 세계를 진동하며, 수없는 세계를 밝게 비추며, 수없는 세계에 머물며, 수없는 세계에 나아가며, 수없는 세계를 깨끗이 장엄하며, 수없는 중생에게 열어 보이며, 수없는 중생을 관찰하며, 수없는 중생의 근기를 알며, 수없는 중생들이 들어가게 하며, 수없는 중생들을 조복하게 함이니, 이것이 열 가지니라."

십주 중 마지막이 관정주灌頂住다. 관정이란 물을 정수리에 붓는다는 뜻으로, 본래 인도에서 왕이 즉위卽位할 때나 태자太子를 세울 때 사방의 국토를 잘 다스리라는 뜻으로 사해四海의 바닷물을 떠서 정수리에 붓는 의식儀式이다. 그와 같이 불법이 만족하여 부처님이 하신 교화의 역할을 대신할 수 있는 지위를 인가한다는 의미이다. 만약 관정을 받으면 태자는 왕의 역할을 해야 하고, 보살은 부처님의 역할을 해야 한다. 밀교密敎에서는 이와 같은 의미로 머리에 물을 뿌리는 의식을 행한다. 오늘날에도 머리에 물을 뿌리며 가피를 내린다고 하는 사람들이 있다. 관정주에서 밝힌 관정보살의 덕의 작용에서 먼저 다섯 구절은 세계를 아는 걸림 없는 지혜에 대해 말하였고, 다음 다섯 구절은 중생을 성취하는 걸림 없는 지혜에 대해서 밝혔다.

불자 차보살 신급신업 신통변현 과거
佛子야 **此菩薩**이 **身及身業**과 **神通變現**과 **過去**

지 미래지 현재지 성취불토 심경계 지
智와 **未來智**와 **現在智**와 **成就佛土**와 **心境界**와 **智**

경 계 개불가지 내지법왕자보살 역불능지
境界를 **皆不可知**니 **乃至法王子菩薩**도 **亦不能知**니라

"또한 불자여, 이 보살의 몸과 몸의 업과 신통변화와, 과거의 지혜와 미래의 지혜와 현재의 지혜와 부처님 국토를 성취함과, 마음의 경계와 지혜의 경계를 다 알지 못하며 내지 법왕자 보살들도 또한 능히 알지 못하느니라."

관정주에서 밝힌 관정보살의 덕의 작용에는 다른 주와 달리 특별히 20구절이 있다. 먼저 열 구절은 앞에서 밝혔고

다음의 열 구절이다. 관정주의 지위는 수승하여 측량하기 어려움을 찬탄하였다. 십주의 지위가 끝남으로 이 열 구절을 더한 것이다.

(2) 열 가지 법을 배우기를 권함

불자   차 보 살   응 권 학 제 불 십 종 지   하 자
佛子야 此菩薩이 應勸學諸佛十種智니 何者가

위 십   소 위 삼 세 지   불 법 지   법 계 무 애 지   법
爲十고 所謂三世智와 佛法智와 法界無礙智와 法

계 무 변 지   충 만 일 체 세 계 지   보 조 일 체 세 계
界無邊智와 充滿一切世界智와 普照一切世界

지   주 지 일 체 세 계 지   지 일 체 중 생 지   지 일 체
智와 住持一切世界智와 知一切衆生智와 知一切

법 지   지 무 변 제 불 지
法智와 知無邊諸佛智니라

"불자여, 보살은 응당 모든 부처님의 열 가지 지혜를 배우기를 권할지니 무엇이 열 가지인가. 이른바 삼세의 지혜와, 불법의 지혜와, 법계의 걸림 없는 지혜와, 법계의 끝없는 지혜와, 일체 세계에 충만한 지혜와, 일체 세

계를 널리 비추는 지혜와, 일체 세계에 머무는 지혜와, 일체 중생을 아는 지혜와, 일체 법을 아는 지혜와, 끝없는 모든 부처님을 아는 지혜이니라."

비록 관정주라는 높은 경지에 이르렀으나 다시 또 마땅히 배워야 할 열 가지 법이 있다. 관정을 받고 부처님으로서의 역할을 해야 한다면 무엇보다 지혜를 갈고닦아야 할 것이다. 그래서 열 가지 지혜를 들었으며 중요한 지혜를 다 밝혔다.

(3) 까닭을 말하다

何以故오 欲令增長一切種智하고 有所聞法에 卽自開解하야 不由他敎故니라

"무슨 까닭인가. 그로 하여금 일체 종지가 더욱 자라게 하고, 법을 듣고는 곧 스스로 잘 알아서 다른 이의 가르침을 말미암지 않게 하려는 연고이니라."

관정주에 이르렀으나 보살의 삶이란 정진하고, 정진하고, 또 정진하는 것이다. 보살에게 어찌 휴식이 있겠는가. 그러므로 일체 종지를 더욱 증장하게 하고 법을 듣고는 곧 스스로 깨달아서 다른 이의 가르침을 의지하지 않도록 하기 위해서다. 진실한 법과 궁극의 법은 모두 자신에게 이미 내재되어 있음을 더욱 분명히 하였다.

십주의 지위를 비록 차별하게 설하였으나 한 지위 한 지위마다 그 뜻과 역할이 매우 훌륭하다. 다만 한 지위의 역할만 다하더라도 보살로서의 중생 교화는 훌륭할 것이다. 이것으로 십주위의 법을 설함을 마쳤다.

13) 6종 18상으로 진동하여 상서를 보이다

爾時에 佛神力故로 十方各一萬佛刹微塵數
世界가 六種震動하니 所謂動과 徧動과 等徧動과

기　변기　등변기　용　변용　등변용　진
起와 偏起와 等偏起와 踊과 偏踊과 等偏踊과 震과

변진　등변진　후　변후　등변후　격　변격
偏震과 等偏震과 吼와 偏吼와 等偏吼와 擊과 偏擊과

등변격
等偏擊이라

　　그때에 부처님의 위신력으로 시방으로 각각 일만 부처님 세계의 미진수 같은 세계가 여섯 가지로 진동하였습니다. 이른바 움직임과 두루 움직임과 함께 두루 움직임이며, 일어남과 두루 일어남과 함께 두루 일어남이며, 솟음과 두루 솟음과 함께 두루 솟음이며, 떨림과 두루 떨림과 함께 두루 떨림이며, 부르짖음과 두루 부르짖음과 함께 두루 부르짖음이며, 부딪침과 두루 부딪침과 함께 두루 부딪침이었습니다.

　　십주법문을 설하고 나니 시방으로 각각 일만 불찰미진수 세계가 6종 18상으로 진동하여 상서를 나타내고 증명하였다. 6종 18상이란 6근과 6진과 6식의 18계를 뜻한다. 이 18계는 사람의 삶의 영역 전체를 말하는데 십주 설법을 듣고

삶의 영역 전체가 환희로 인한 충격과 감동과 놀라움에 휩싸인 모습을 상징적으로 나타내 보인 것이다. 만약 이것이 실제 상황이라면 진도 1천도가 넘는 지진과 같을 것이다. 화엄경의 설법에 우리는 얼마나 환희하고 감동하는가.

14) 천상의 꽃과 음악 등으로 상서를 보이다

우천묘화   천말향   천화만   천잡향   천보
雨天妙華와 天末香과 天華鬘과 天雜香과 天寶

의   천보운   천장엄구   천제음악   불고자
衣와 天寶雲과 天莊嚴具하며 天諸音樂이 不鼓自

명   방천광명   급묘음성   여차사천하수
鳴하며 放天光明과 及妙音聲하니 如此四天下須

미산정제석전상설십주법   현제신변   시방
彌山頂帝釋殿上說十住法에 現諸神變하야 十方

소유일체세계   실역여시
所有一切世界도 悉亦如是하니라

또 하늘의 묘한 꽃과 하늘의 가루향과 하늘의 꽃타래와 하늘의 여러 가지 향과 하늘의 보배옷과 하늘의 보

배구름과 하늘의 장엄거리를 비 내리듯 하며, 하늘의 여러 가지 음악이 연주하지 않아도 저절로 울리며, 하늘의 광명이 비치고 아름다운 음성이 들렸습니다. 이와 같이 사천하의 수미산 정상 제석전帝釋殿에서 십주법을 설하니 온갖 신통변화를 나타내는 것과 같이 시방에 있는 일체 세계에서도 다 또한 이와 같았습니다.

십주법문을 설하고 나니 6종 18상으로 상서를 보여 증명하고 나서 다시 또 하늘의 꽃과 향과 옷과 보배구름과 장엄거리와 음악과 광명 등으로 상서를 나타내며 증명하였다. 이곳 사천하 수미산 제석전에서 십주법을 설하니 온갖 신통변화를 나타내어 상서를 보인 것과 같이 시방의 일체 세계에서도 또한 이와 같이 하였다.

15) 시방 보살들의 찬탄과 증명

우 이 불 신 력 고 　시 방 각 과 일 만 불 찰 미 진 수
又以佛神力故로 十方各過一萬佛刹微塵數

세계　　　유 십 불 찰 미 진 수 보 살　　내 예 어 차　　충
世界하야 有十佛刹微塵數菩薩이 來詣於此하사 充

만 시 방　　작 여 시 언
滿十方하야 作如是言하사대

또 부처님의 위신력으로 시방으로 각각 일만 부처님
세계의 미진수 같은 세계를 지나서 열 부처님 세계의
미진수 같은 보살들이 이곳에 와서 시방에 충만하여 이
와 같은 말을 하였습니다.

선 재 선 재　　불 자　　선 설 차 법　　　아 등 제 인
善哉善哉라 佛子여 善說此法이로다 我等諸人도

동 명 법 혜　　소 종 래 국　　동 명 법 운　　　피 토 여 래
同名法慧며 所從來國도 同名法雲이며 彼土如來도

개 명 묘 법　　아 등 불 소　　역 설 십 주　　　중 회 권
皆名妙法이라 我等佛所도 亦說十住하나니 衆會眷

속　　문 구 의 리　　실 역 여 시　　무 유 증 감
屬과 文句義理도 悉亦如是하야 無有增減이니라

"훌륭하여라, 훌륭하여라. 불자여, 이 법을 잘 설하
였도다. 우리들 모든 보살들은 다 같이 법혜法慧라고 이

름하며, 좋아온 국토도 다 같이 이름이 법운法雲이며, 그 국토의 여래도 다 이름이 묘법妙法이니라. 우리들의 부처님 계신 곳에서도 또한 십주법문을 설하나니, 모인 권속들과 문구와 뜻과 이치도 다 또한 이와 같아서 더하거나 덜함이 없느니라."

십주법문을 설하고 나니 시방세계가 6종 18상으로 진동하여 상서를 보이고, 다시 천상의 꽃과 음악 등으로 상서를 보이고 나서 시방의 보살들이 증명하며 찬탄하여 말하였다. "그 많은 보살들의 이름은 다 같이 법혜며, 국토는 법운이며, 여래의 이름은 묘법이며, 다 같이 십주법문을 설하였다." 이것은 시방세계가 동도同道며, 시방 부처님이 동도며, 시방 보살들이 동도라는 것을 증명하는 말씀이다. 만약 시방의 세계와 부처님과 보살들의 도가 같지 않다면 그것은 곧 진리가 아니라는 뜻이 되기 때문이다.

불자 아등 승불신력   내입차회   위여
佛子야 我等이 承佛神力하고 來入此會하야 爲汝

작 증   여 어 차 회   시 방 소 유 일 체 세 계   실
作證하노니 **如於此會**하야 **十方所有一切世界**도 **悉**

역 어 시
亦如是하니라

"불자여, 우리들이 부처님의 위신력을 받들고 이 법
회에 와서 그대를 위하여 증명하노니 이 법회와 같이
시방에 있는 일체 세계에서도 다 또한 이와 같으니라."

시방의 보살들이 부처님의 위신력을 받들어 거듭 증명을
하며 이곳의 법회에서와 같이 시방의 일체 세계에서도 다 또
한 이와 같다는 것을 말씀하여 밝혔다.

3. 게송을 설하여 거듭 밝히다

1) 제1 발심주發心住

(1) 발심의 인연

이 시   법 혜 보 살   승 불 위 력   관 찰 시 방
爾時에 **法慧菩薩**이 **承佛威力**하사 **觀察十方**과

기 우 법 계   이 설 송 왈
暨于法界하고 **而說頌曰**

그때에 법혜보살이 부처님의 위신력을 받들어 시방과 법계를 관찰하고 게송으로 말하였습니다.

견 최 승 지 미 묘 신   상 호 단 엄 개 구 족
見最勝智微妙身하니 **相好端嚴皆具足**하사

여 시 존 중 심 난 우   보 살 용 맹 초 발 심
如是尊重甚難遇하고 **菩薩勇猛初發心**이로다

가장 수승한 지혜와 미묘하신 몸을 보니
단정하고 엄숙한 상호 모두 갖추었도다.
이렇게 존중하심은 심히 만나기 어려워
보살이 용맹하게 처음으로 발심하였네.

십주설법을 게송으로 거듭 밝혔다. 산문의 내용에서 미
진한 점을 보충하기도 하고 또 아름다운 운문으로 달리 표
현하면서 복습하는 의미가 있다. 제1 발심주의 발심의 인연
은 여러 가지지만 부처님의 수승한 지혜, 아름다운 몸의 모
습, 32상과 80종호 그리고 백천겁에도 만나기 어려운 분을
만난 것이 처음 인연이 되어 보살이 보리심을 발한 것이다.

견 무 등 비 대 신 통　　　문 설 기 심 급 교 계
見無等比大神通하며　聞說記心及教誡와

제 취 중 생 무 량 고　　　보 살 이 차 초 발 심
諸趣衆生無量苦하고　菩薩以此初發心이로다

비교할 이가 없는 큰 신통을 보고
수기[記心]를 설하심과 가르침을 듣고

여러 갈래 중생들의 한량없는 고통
보살이 이를 위해 처음으로 발심하였네.

　일반적으로 불교에 신심을 일으킬 조건과 인연으로는 무
엇이 있을까. 모든 사람 모든 생명이 본래로 부처님이라는
보증을 한 수기가 중요한 조건이 된다. 또 교훈적인 가르침
에 감동하여 발심하기도 한다. 무엇보다 육도 중생들이 고
통받고 있는 것을 건져 주려는 뜨거운 자비심이 발심의 큰
동기이다.

문 제 여 래 보 승 존　　　　일 체 공 덕 개 성 취
聞諸如來普勝尊이　　**一切功德皆成就**하사대

비 여 허 공 불 분 별　　　　보 살 이 차 초 발 심
譬如虛空不分別하고　　**菩薩以此初發心**이로다

모든 여래 두루 수승하신 어른께서
일체 공덕을 모두 다 성취하심을 들으니
허공을 분별할 수 없음과 같아
보살이 이를 위해 처음으로 발심하였네.

부처님은 일체 공덕을 다 성취하여 모든 중생에게 그 공덕을 베풀지만 마치 허공이 지역을 따라 분별하지 않듯이 골고루 평등하게 베푸심이 또한 발심의 인연이 되었다.

(2) 열 가지 힘을 얻기 위한 발심

삼 세 인 과 명 위 처
三世因果名爲處요

아 등 자 성 위 비 처
我等自性爲非處니

욕 실 요 지 진 실 의
欲悉了知眞實義하야

보 살 이 차 초 발 심
菩薩以此初發心이로다

삼세의 인과는 옳은 곳이요
우리들의 자성自性은 그른 곳이니
이렇게 진실한 뜻 모두 알고자
보살이 이를 위해 처음으로 발심하였네.

또 보살이 처음 발심한 동기로는 부처님의 위대하신 열 가지 힘[+力]을 인연하였다. 부처님의 위대함을 나타낼 때 가장 많이 등장하는 열 가지 얻기 어려운 법이다. 첫째는 처비처지력處非處智力이다. 도리와 도리가 아닌 것을 아는 지혜의 힘이다. 이 세상 모든 법이 인과와 인연과 연기라는 절대적인 이치에 의해서 생성하고 소멸하며 흥망성쇠하고 성주괴공한다는 사실은 옳은 이치며 옳은 도리이다. 그러므로 나 자신을 위시하여 모든 존재에 어떤 고정불변하는 실체[自性]가 있다고 여기는 것은 옳지 못한 도리며 그른 이치이다. 보살은 이와 같은 진실한 도리를 모두 알고자 처음 발심하였다.

과 거 미 래 현 재 세
過去未來現在世의

소 유 일 체 선 악 업
所有一切善惡業을

욕 실 요 지 무 부 진
欲悉了知無不盡하야

보 살 이 차 초 발 심
菩薩以此初發心이로다

지난 세상 오는 세상 지금 세상의
있는 바 선과 악의 모든 업보를
끝까지 분명하게 모두 알고자
보살이 이를 위해 처음으로 발심하였네.

열 가지 힘 중에 둘째는 업이숙지력業異熟智力이다. 일체 중생의 과거 미래 현재에 지은 선과 악의 업보가 여러 가지 현상을 달리하여 나타나는 것을 다 아는 지혜의 힘이다. 보살은 이와 같은 것을 남김없이 다 알고자 처음 발심하였다.

제 선 해 탈 급 삼 매   잡 염 청 정 무 량 종
諸禪解脫及三昧의   **雜染淸淨無量種**을

욕 실 요 지 입 주 출   보 살 이 차 초 발 심
欲悉了知入住出하야   **菩薩以此初發心**이로다

선정과 해탈과 모든 삼매의
물들고 청정함이 한량없거늘
들어가고 머물고 나옴을 다 알고자
보살이 이를 위해 처음으로 발심하였네.

부처님의 위대하신 열 가지 힘 중에 셋째는 정려해탈등지등지지력靜慮解脫等持等至智力이다. 선정과 해탈과 모든 삼매를 다 아는 지혜의 힘이다. 보살은 이와 같은 것을 남김없이 다 알고자 처음 발심하였다.

수 제 중 생 근 이 둔
隨諸衆生根利鈍하야

여 시 종 종 정 진 력
如是種種精進力을

욕 실 요 달 분 별 지
欲悉了達分別知하야

보 살 이 차 초 발 심
菩薩以此初發心이로다

중생들의 근기가 영리하고 둔함을 따라
이렇게 가지가지 정진하는 힘을
분명하게 모두 알아 분별하려고
보살이 이를 위해 처음으로 발심하였네.

부처님의 위대하신 열 가지 힘 중에 넷째는 근상하지력根
上下智力이다. 중생들은 근기와 수준이 영리하거나 우둔함을
따라 정진하는 결과가 여러 가지로 달리 나타난다. 이것을
다 아는 지혜의 힘이다. 보살은 이와 같은 것을 남김없이 다
알고자 처음 발심하였다.

일 체 중 생 종 종 해
一切衆生種種解와

심 소 호 락 각 차 별
心所好樂各差別인

여 시 무 량 욕 실 지
如是無量欲悉知하야

보 살 이 차 초 발 심
菩薩以此初發心이로다

중생들이 가지가지 이해가 있고
마음에 좋아함도 각각 다르니
한량없는 이런 차별 모두 알고자
보살이 이를 위해 처음으로 발심하였네.

부처님의 위대하신 열 가지 힘 중 다섯째는 종종승해지
력種種勝解智力이다. 일체 중생의 가지가지 지해知解를 아는 지
혜의 힘이다. 중생들은 서로가 아는 것도 다르고 마음에 좋
아하는 것도 각각 다르다. 이와 같은 한량없는 차별을 보살
은 남김없이 다 알고자 처음 발심하였다.

중 생 제 계 각 차 별　　　　일 체 세 간 무 유 량
衆生諸界各差別이며　　一切世間無有量이니

욕 실 요 지 기 체 성　　　　보 살 이 차 초 발 심
欲悉了知其體性하야　　菩薩以此初發心이로다

중생의 모든 경계 제각기 차별하며
일체 세간도 한량없거든
그 자체와 성품을 모두 알고자

보살이 이를 위해 처음으로 발심하였네.

부처님의 위대하신 열 가지 힘 중에 여섯째는 종종계지력 種種界智力이다. 일체 중생들의 경계가 각각 차별하며 일체 세간도 한량없음을 다 아는 지혜의 힘이다. 이와 같이 차별한 모든 경계와 중생과 세간의 자체와 성품을 보살은 남김없이 다 알고자 처음 발심하였다.

일 체 유 위 제 행 도
一切有爲諸行道의

일 일 개 유 소 지 처
一一皆有所至處를

실 욕 요 지 기 실 성
悉欲了知其實性하야

보 살 이 차 초 발 심
菩薩以此初發心이로다

일체 유위의 모든 행하는 길이

하나하나가 다 이르러 갈 곳이 있나니

그러한 참된 성품 모두 알고자

보살이 이를 위해 처음으로 발심하였네.

부처님의 위대하신 열 가지 힘 중에 일곱째는 변취행지력

偏趣行智力이다. 중생들의 여러 가지 행업으로 어디에 가서 나게 되는 것을 다 아는 지혜의 힘이다. 보살은 이와 같은 것을 남김없이 다 알고자 처음 발심하였다.

일 체 세 계 제 중 생　　　수 업 표 류 무 잠 식
一切世界諸衆生이　　　隨業漂流無暫息을

욕 득 천 안 개 명 견　　　보 살 이 차 초 발 심
欲得天眼皆明見하야　　菩薩以此初發心이로다

일체 세계의 모든 중생이
업을 따라서 표류하여 잠깐도 쉴 새 없나니
천안통을 얻어서 밝게 보고자
보살이 이를 위해 처음으로 발심하였네.

부처님의 위대하신 열 가지 힘 중에 여덟째는 사생지력死生智力이다. 일체 세계 모든 중생이 죽어서 어디에 태어나는지를 천안통으로 아는 지혜의 힘이다. 보살은 이와 같은 것을 남김없이 다 알고자 처음 발심하였다.

과 거 세 중 증 소 유
過去世中曾所有

여 시 체 성 여 시 상
如是體性如是相을

욕 실 요 지 기 숙 주
欲悉了知其宿住하야

보 살 이 차 초 발 심
菩薩以此初發心이로다

지나간 세상에서 있던 모든 일

이와 같은 체성과 이와 같은 형상을

그 숙명宿命을 분명히 모두 알고자

보살이 이를 위해 처음으로 발심하였네.

부처님의 위대하신 열 가지 힘 중에 아홉째는 숙주수념
지력宿住隨念智力이다. 숙명통으로 중생이 과거세에 지은 일들
을 다 기억하여 아는 지혜의 힘이다. 보살은 이와 같은 것을
남김없이 다 알고자 처음 발심하였다.

일 체 중 생 제 결 혹
一切衆生諸結惑과

상 속 현 기 급 습 기
相續現起及習氣를

욕 실 요 지 구 경 진
欲悉了知究竟盡하야

보 살 이 차 초 발 심
菩薩以此初發心이로다

일체 중생의 모든 맺힌 번뇌가
상속하여 일어나고 익힌 버릇들
모두 알고 끝까지 다하려 하여
보살이 이를 위해 처음으로 발심하였네.

부처님의 위대하신 열 가지 힘 중에 열째는 누진지력漏盡
智力이다. 번뇌를 모두 소멸시켜 없애는 지혜의 힘이다. 보살
은 이와 같은 것을 남김없이 다 알고자 처음 발심하였다.

이와 같이 보살은 부처님의 열 가지 위대한 능력을 스스
로 다 갖추고자 처음 발심한 것이다.

(3) 속제俗諦의 지혜를 얻기 위한 발심

수 제 중 생 소 안 립
隨諸衆生所安立하야

종 종 담 론 어 언 도
種種談論語言道를

여 기 세 제 실 욕 지
如其世諦悉欲知하야

보 살 이 차 초 발 심
菩薩以此初發心이로다

중생들이 펼쳐 놓은 모든 언론과
가지가지 담론과 언어를 따라서

그러한 세속 일을 모두 알고자
보살이 이를 위해 처음으로 발심하였네.

중생들이 사량분별로 전개하는 이론과 논리 체계들을 속제俗諦라 하고 또는 세제世諦라고도 한다. 보살은 중생 교화에 이러한 모든 세속적인 담론도 잘 알아야 한다. 이 또한 발심의 인연이다.

(4) 진제眞諦의 지혜를 얻기 위한 발심

일 체 제 법 이 언 설
一切諸法離言說하야

성 공 적 멸 무 소 작
性空寂滅無所作이니

욕 실 명 달 차 진 의
欲悉明達此眞義하야

보 살 이 차 초 발 심
菩薩以此初發心이로다

일체 모든 법들이 말을 여의고
성품이 공하고 적멸하여 지음이 없나니
진실한 이런 이치 밝게 알고자
보살이 이를 위해 처음으로 발심하였네.

일체 제법이 언설이 많으나 그 진실한 법은 언설을 떠났으며, 일체 제법이 형상이 많으나 그 자성은 공하며, 일체 제법이 이와 같이 눈에 가득하나 그 실상은 적멸하며, 일체 제법이 생성과 소멸이 끝이 없으나 그 진실은 지음이 없다. 이러한 이치를 밝게 알고자 보살이 이를 위해 처음으로 발심하였다.

(5) 신통 지혜를 얻기 위한 발심

욕 실 진 동 시 방 국　　　경 복 일 체 제 대 해
欲悉震動十方國하고　　傾覆一切諸大海하야

구 족 제 불 대 신 통　　　보 살 이 차 초 발 심
具足諸佛大神通일새　　菩薩以此初發心이로다

시방의 국토를 진동시키고
일체 모든 바닷물을 엎어 버리는
부처님의 큰 신통 구족하고자
보살이 이를 위해 처음으로 발심하였네.

부처님의 깨달음은 인류사에 가장 큰 사건이다. 화엄경

의 설법은 인류사 최고의 걸작이다. 깨달음과 화엄경으로 시방 국토를 진동시키며 큰 바다를 뒤옶는다. 이것이 부처님의 신통 지혜다. 보살은 이를 위해 처음으로 발심하였다. 따라서 이와 같은 화엄경을 공부하는 것은 금세기 최고의 축제다.

(6) 해탈 지혜를 얻기 위한 발심

욕 일 모 공 방 광 명
欲一毛孔放光明하야

보 조 시 방 무 량 토
普照十方無量土하고

일 일 광 중 각 일 체
一一光中覺一切하야

보 살 이 차 초 발 심
菩薩以此初發心이로다

한 모공毛孔에서 광명을 놓아

한량없는 시방 국토 두루 비추고

낱낱 광명으로 일체를 다 깨닫게 하고자

보살이 이를 위해 처음으로 발심하였네.

모공광명이란 화엄경의 10조 9만 5천 48자라는 글자 수다. 낱낱 글자가 진리의 광명이 되어 한량없는 시방 국토를 환하게 비춘다. 또 낱낱 광명이 지혜의 가르침이 되어 일체 중생을 깨닫게 한다. 보살이 이와 같은 뜻으로 처음 발심하였다.

욕 이 난 사 제 불 찰
欲以難思諸佛刹로

실 치 장 중 이 부 동
悉置掌中而不動하고

요 지 일 체 여 환 화
了知一切如幻化하야

보 살 이 차 초 발 심
菩薩以此初發心이로다

부사의한 부처님의 많은 세계를
손바닥에 놓아도 꼼짝도 않고
일체가 환화幻化와 같은 줄 알고자
보살이 이를 위해 처음으로 발심하였네.

공의 세계를 공의 손바닥에 올려놓으면 그 무게가 얼마나 나갈까? 그 손바닥은 세계가 무거워서 견디기가 얼마나 힘이 들까? 보살에게는 일체가 환화며 일체가 공성이다. 보살은 이러한 사실을 알아 처음 발심하였다.

욕 이 무 량 찰 중 생 　치 일 모 단 불 박 애
欲以無量刹衆生으로 　**置一毛端不迫隘**하고

실 지 무 인 무 유 아 　보 살 이 차 초 발 심
悉知無人無有我하야 　**菩薩以此初發心**이로다

한량없는 세계의 모든 중생을

한 터럭 끝에 두어도 비좁지 않고

남도 없고 나도 없는 줄을 다 알고자

보살이 이를 위해 처음으로 발심하였네.

　주관과 객관이 다 끊어지고, 나와 남이 둘이 아니며, 있음과 없음이 하나인 이치에서는 무량 중생도 무량 중생이 아니며 한 터럭도 한 터럭이 아니어서 일과 다가 무애며 사와 사가 무애인 해탈 지혜를 다 알고자 보살이 발심하였다.

욕 이 일 모 적 해 수 　일 체 대 해 실 령 갈
欲以一毛滴海水하야 　**一切大海悉令竭**하고

이 실 분 별 지 기 수 　보 살 이 차 초 발 심
而悉分別知其數하야 　**菩薩以此初發心**이로다

하나의 털끝으로 바닷물을 찍어 내어
모든 바닷물을 다하게 하여
그러한 숫자를 모두 알고자
보살이 이를 위해 처음으로 발심하였네.

하나의 털끝으로 모든 바닷물을 찍어서 그 숫자를 다 아는 것은 해탈 지혜가 자유자재함을 표현한 것이다. 보살이 처음 발심하는 원력의 크고 세밀함이 이와 같다.

불 가 사 의 제 국 토
不可思議諸國土를

진 말 위 진 무 유 자
盡抹爲塵無遺者하고

욕 실 분 별 지 기 수
欲悉分別知其數하야

보 살 이 차 초 발 심
菩薩以此初發心이로다

불가사의한 모든 국토를
모두 다 부수어서 티끌을 만들고
그 수효를 낱낱이 세어 다 알고자
보살이 이를 위해 처음으로 발심하였네.

보살이 처음 발심한 그 원력은 불가사의하다. 예컨대 이 지구를 다 부수어 가루를 만들었을 때 그 숫자가 얼마나 많겠는가. 설사 그와 같은 수효가 있다 하더라도 그것을 다 헤아려 아는 지혜를 얻고자 처음 발심하였다.

(7) 겁劫의 지혜를 얻기 위한 발심

과 거 미 래 무 량 겁
過去未來無量劫에

일 체 세 간 성 괴 상
一切世間成壞相을

욕 실 요 달 궁 기 제
欲悉了達窮其際하야

보 살 이 차 초 발 심
菩薩以此初發心이로다

지난 세월 오는 세월 한량없는 겁
일체 세간 이룩되고 무너지는 일
끝까지 궁구하여 모두 알고자
보살이 이를 위해 처음으로 발심하였네.

한량없는 겁 동안 지구가 성주괴공成住壞空하는 것을 끝까지 궁구하여 다 알고자 하는 지혜를 얻으려는 것도 보살이 초발심하는 하나의 이유다.

(8) 삼승三乘의 지혜를 얻기 위한 발심

삼 세 소 유 제 여 래
三世所有諸如來와

일 체 독 각 급 성 문
一切獨覺及聲聞을

욕 지 기 법 진 무 여
欲知其法盡無餘하야

보 살 이 차 초 발 심
菩薩以此初發心이로다

세 세상에 나시는 모든 여래와

일체의 독각이나 여러 성문들

그 법을 남김없이 모두 알고자

보살이 이를 위해 처음으로 발심하였네.

보살이 초발심하는 것은 과거 미래 현재의 모든 부처님 법을 다 알고자 함이며, 일체 성문과 연각의 법을 다 알고자 함이며, 일체 보살의 법을 다 알고자 함이다.

(9) 삼밀三密의 지혜를 얻기 위한 발심

무 량 무 변 제 세 계
無量無邊諸世界를

욕 이 일 모 실 칭 거
欲以一毛悉稱擧하고

여 기 체 상 실 요 지
如其體相悉了知하야

보 살 이 차 초 발 심
菩薩以此初發心이로다

한량없고 그지없는 모든 세계를

한 털로써 사뿐히 모두 다 들어

그 체성과 형상을 다 알고자

보살이 이를 위해 처음으로 발심하였네.

삼밀三密의 지혜란 신구의身口意 삼밀로써 일다상용一多相容
과 사사무애에 걸림 없음이다. 먼저 신밀身密의 지혜. 보살
이 초발심하는 것은 한량없고 그지없는 모든 세계를 털 하
나로 그 체성과 형상을 다 알고자 함이다.

무 량 무 수 윤 위 산 　　　욕 령 실 입 모 공 중
無量無數輪圍山을　　　欲令悉入毛孔中하고

여 기 대 소 개 득 지 　　　보 살 이 차 초 발 심
如其大小皆得知하야　　　菩薩以此初發心이로다

한량없고 수가 없는 윤위산輪圍山을

한 모공毛孔 속에다 모두 넣고서

크고 작음을 모두 알고자

보살이 이를 위해 처음으로 발심하였네.

윤위산輪圍山은 한량없는 화장장엄세계를 모두 에워싸고 있는 거대한 산이다. 모공이란 인체에서 헤아릴 수 없이 많은 작은 점과 같다. 육안으로는 잘 보이지 않는다. 큰 윤위산의 본질이나 작은 모공의 본질이나 그 본질은 다 같이 공성으로 통일되어 있다. 일체 존재의 공성에서 보면 크고 작음은 같은 것이며 하나다. 그러므로 사사무애며 일미진중에 시방세계를 함유하고 있음이다.

욕 이 적 정 일 묘 음
欲以寂靜一妙音으로

보 응 시 방 수 류 연
普應十方隨類演하고

여 시 개 령 정 명 료
如是皆令淨明了하야

보 살 이 차 초 발 심
菩薩以此初發心이로다

고요하고 미묘한 한 음성으로
시방 중생 종류 따라 법을 말하여
이와 같이 그들에게 분명히 알게 하고자
보살이 이를 위해 처음으로 발심하였네.

다음은 구밀口密의 지혜다. 부처님은 일음一音으로 법을

연설하신다. 그러나 시방에 있는 온갖 중생의 종류와 근기에 맞추어 알맞게 설법하신다. 보살은 그와 같은 사실을 명료하게 다 알고자 처음으로 발심하였다.

일 체 중 생 어 언 법　　　일 언 연 설 무 부 진
一切衆生語言法을　　　一言演說無不盡하고

실 욕 요 지 기 자 성　　　보 살 이 차 초 발 심
悉欲了知其自性하야　　　菩薩以此初發心이로다

일체 중생들의 말하는 법을
한 말로 남김없이 연설하여서
그들의 자성을 모두 알게 하고자
보살이 이를 위해 처음으로 발심하였네.

역시 구밀의 지혜다. 한마디 말로 일체 중생의 언어의 법을 다 설하여 그들의 자성을 모두 알게 하려고 보살은 처음 발심하였다.

세 간 언 음 미 부 작
世間言音靡不作하야   悉令其解證寂滅일새

욕 득 여 시 묘 설 근
欲得如是妙舌根하야   菩薩以此初發心이로다

세상에 온갖 음성 모두 지어서

그들이 열반[寂滅]을 증득케 하는

이와 같은 미묘한 혀를 가지고 싶어

보살이 이를 위해 처음으로 발심하였네.

역시 구밀의 지혜다. 보살은 세상의 모든 말로써 중생들
이 열반을 증득하게 하고자 한다. 이와 같은 미묘한 혀를 가
지고 싶어서 보살이 이를 위해 처음으로 발심하였다.

욕 사 시 방 제 세 계
欲使十方諸世界로   有成壞相皆得見하고

이 실 지 종 분 별 생
而悉知從分別生하야   菩薩以此初發心이로다

시방의 모든 세계가

이루어지고 무너지는 모양을 다 보게 하여

분별로 생기는 줄 알게 하고자

보살이 이를 위해 처음으로 발심하였네.

다음은 의밀意密의 지혜다. 계절에는 춘하추동 사계절이
있고, 지구에는 성주괴공이 있고, 사람에게는 생로병사가 있
지만, 엄격하게 말하면 그 모든 것은 사람의 분별로 안다.
또 앎을 통해서 그것이 비로소 있다. 이러한 사실을 다 알고
자 보살은 초발심하였다.

일 체 시 방 제 세 계
一切十方諸世界에

무 량 여 래 실 충 만
無量如來悉充滿하시니

욕 실 요 지 피 불 법
欲悉了知彼佛法하야

보 살 이 차 초 발 심
菩薩以此初發心이로다

일체 시방에 널려 있는 모든 세계에

한량없는 여래가 가득 찼거든

그 부처님의 법을 모두 알고자

보살이 이를 위해 처음으로 발심하였네.

역시 의밀意密의 지혜다. 보살은 왜 처음 발심하였는가. 시방세계의 한량없는 부처님, 그 부처님들의 한량없는 법을 다 알고자 발심하였다.

(10) 마음의 지혜를 얻기 위한 발심

종 종 변 화 무 량 신 　　　　일 체 세 계 미 진 등
種種變化無量身이　　　　一切世界微塵等이니

욕 실 요 달 종 심 기 　　　　보 살 이 차 초 발 심
欲悉了達從心起하야　　　　菩薩以此初發心이로다

갖가지로 변화하는 한량없는 몸
일체 세계의 티끌 수와 같이 많으니
마음으로 생긴 줄을 모두 알고자
보살이 이를 위해 처음으로 발심하였네.

천백억화신이 낱낱 몸마다 천변만화하는 것이 부처님의 몸이며 깨달음의 지혜다. 자세히 관찰하면 우리들 보통 사람의 몸도 역시 천백억화신이며 천변만화한다. 그러나 그 모든 일체가 오직 한 마음의 작용이다. 보살은 이와 같은 사실

을 알기 위해 처음으로 발심하였다.

(11) 일다무애一多無礙의 지혜를 얻기 위한 발심

과 거 미 래 현 재 세
過去未來現在世의

무 량 무 수 제 여 래
無量無數諸如來를

욕 어 일 념 실 요 지
欲於一念悉了知하야

보 살 이 차 초 발 심
菩薩以此初發心이로다

과거 세상 미래 세상 현재 세상의

한량없고 수없는 모든 여래를

한 생각에 분명하게 모두 알고자

보살이 이를 위해 처음으로 발심하였네.

과거와 미래와 현재의 모든 여래가 얼마나 될까. 무량하고 무수하리라. 그러나 우리 모두의 한 생각 안에 존재한다. 즉 한 생각과 무량 무수 여래가 걸림이 없는 이치다. 이와 같은 이치를 분명하게 알고자 보살은 발심하였다.

욕 구 연 설 일 구 법   아 승 지 겁 무 유 진
欲具演說一句法하야   **阿僧祇劫無有盡**호대

이 령 문 의 각 부 동   보 살 이 차 초 발 심
而令文義各不同하야   **菩薩以此初發心**이로다

한 구절의 법문을 갖추어 말하면

아승지겁으로도 다할 수 없고

글과 뜻도 제각기 같지 않나니

보살이 이를 위해 처음으로 발심하였네.

또 무량 무수 법문도 역시 한 구절 안에 갖춰져 있다. 한 구절 안에 갖춰져 있으면서 글과 뜻이 제각각이다. 이 또한 하나와 많은 것이 걸림이 없는 이치다. 보살이 이를 위해 발심하였다.

시 방 일 체 제 중 생   수 기 유 전 생 멸 상
十方一切諸衆生의   **隨其流轉生滅相**을

욕 어 일 념 개 명 달   보 살 이 차 초 발 심
欲於一念皆明達하야   **菩薩以此初發心**이로다

시방의 일체 모든 중생들

그들이 유전하고 생멸하는 모습

한 생각에 분명히 모두 알고자

보살이 이를 위해 처음으로 발심하였네.

　일다무애一多無礙의 지혜를 얻기 위한 발심은 모든 것에 적
용된다. 일체 중생들이 유전하며 흘러다니고 이곳에서 죽어
서 저곳에서 태어나는 생멸의 모습까지 분명히 알고자 초발
심하였다.

(12) 방편과 진실이 하나인 지혜를 얻기 위한 발심

욕 이 신 어 급 의 업

欲以身語及意業으로

보 예 시 방 무 소 애

普詣十方無所礙하고

요 지 삼 세 개 공 적

了知三世皆空寂하야

보 살 이 차 초 발 심

菩薩以此初發心이로다

몸과 말과 뜻으로 짓는 업으로

시방세계 두루 가도 걸림이 없고

삼세가 공적함을 모두 알고자

보살이 이를 위해 처음으로 발심하였네.

몸과 말과 뜻으로 짓는 업으로 시방세계에 걸림 없이 두루 가는 것은 방편의 지혜다. 한편 삼세가 모두 공적함을 아는 것은 진실의 지혜다. 이와 같은 방편과 진실의 지혜를 얻기 위해 보살은 초발심한 것이다.

(13) 더 수승한 법에 나아가다

보 살 여 시 발 심 이
菩薩如是發心已에

응 령 왕 예 시 방 국
應令往詣十方國하야

공 경 공 양 제 여 래
恭敬供養諸如來일새

이 차 사 기 무 퇴 전
以此使其無退轉이로다

보살이 이와 같이 발심하고는
마땅히 시방세계 두루 다니며
여래에게 공경하고 공양하여서
이것으로 퇴전함이 없게 하도다.

지금까지는 십주법문 가운데 보살이 처음 발심하게 된 까닭을 밝혔다. 이제 더욱 수승한 법에 나아가는 것을 보인다. 무엇이 더욱 수승한 법인가. 시방세계에 두루 다니며 여래에게 공경하고 공양하여 이것으로 퇴전함이 없는 것이다.
퇴전함이 없어야 제2주와 제3주와 제4주로 계속해서 나아
가게 된다.

보 살 용 맹 구 불 도
菩薩勇猛求佛道하야
주 어 생 사 불 피 염
住於生死不疲厭하고

위 피 칭 탄 사 순 행
爲彼稱歎使順行일새
여 시 영 기 무 퇴 전
如是令其無退轉이로다

보살이 용맹하게 불도佛道 구하며

생사生死에 머물러도 싫은 줄 몰라

그를 위해 찬탄하고 따라 행하게 하니

이와 같이 퇴전함이 없게 하도다.

진정한 보살은 불도를 구하기 위해서 생사에 머문다. 또
한 중생들을 구제하기 위해서 생사에 머문다. 어떤 이유에서
든 생사를 떠나지 아니한다. 중생들을 위하여 찬탄하고 그
들을 따라 함께 살아가는 것이 보살행이다. 생사를 싫어하
여 떠나려는 것은 소승적 생각이다. 진실한 불법이 아니다.

보살이 더 수승한 법에 나아가는 것은 이와 같다.

시방 세 계 무 량 찰　　　실 재 기 중 작 존 주
十方世界無量刹에　　　**悉在其中作尊主**하야

위 제 보 살 여 시 설　　　이 차 영 기 무 퇴 전
爲諸菩薩如是說일새　　　**以此令其無退轉**이로다

시방의 한량없는 많은 세계에

곳곳마다 가장 높은 어른이 되어

보살들을 위하여 이와 같이 연설하네.

이것으로 퇴전함이 없게 하도다.

보살이 더 수승한 법에 나아가는 것은 한량없는 세계에
서 곳곳마다 가장 높은 어른[世尊]이 되어 이와 같은 보살의
삶을 설하는 것이다.

최 존 최 상 최 제 일　　　심 심 미 묘 청 정 법
最尊最上最第一인　　　**甚深微妙淸淨法**을

권 제 보 살 설 여 인
勸諸菩薩說與人일새

여 시 교 령 이 번 뇌
如是敎令離煩惱로다

가장 높고 가장 위며 가장 제일인

매우 깊고 미묘하고 청정한 법을

보살들이 사람에게 말하게 하여

이와 같이 가르쳐서 번뇌를 여의게 하네.

여래의 정각은 인류사에서 가장 위대한 사건이다. 전무후무한 일이다. 그러므로 정각에 의한 진리의 가르침은 가장 높은 가르침이다. 가장 위가 되는 가르침이다. 가장 제일의 가르침이다. 무상심심미묘법이다. 가장 청정하고 가장 뛰어나고 가장 훌륭한 법이다. 화엄경을 공부해 보면 감탄하고 감탄하고 또 감탄하게 된다. 보다 많은 사람들에게 널리 가르치고 전파해야 한다. 그래서 모든 사람들이 이 화엄의 큰 바다에서 행복한 유영을 하게 해야 한다.

일 체 세 간 무 여 등
一切世間無與等하야

불 가 경 동 최 복 처
不可傾動摧伏處를

위 피 보 살 상 칭 찬　　　여 시 교 령 불 퇴 전
爲彼菩薩常稱讚일새　　**如是敎令不退轉**이로다

일체 세간에서 그 무엇도 같을 것 없고
흔들거나 굴복할 수 없는 경계를
보살들을 위하여 항상 칭찬하여
이와 같이 가르쳐서 퇴전하지 않게 하네.

화엄경의 가르침은 일체 세간에서 더불어 같은 것이 없다. 비교할 것도 없다. 그 어떤 주의 주장이나 철학적 이론도 화엄경의 견해를 흔들거나 굴복시킬 수 없다. 그래서 모든 보살이 화엄경의 광대하고 넓고 높은 법을 알게 되면 저절로 퇴전하지 않게 된다. 처음 발심했을 때 곧 정각을 이루는 이치가 여기에 있다.

불 시 세 간 대 력 주　　　구 족 일 체 제 공 덕
佛是世間大力主라　　**具足一切諸功德**하사

영 제 보 살 주 시 중　　　이 차 교 위 승 장 부
令諸菩薩住是中일새　　**以此敎爲勝丈夫**로다

부처님은 세간에서 큰 힘 가진 주인이라
일체 모든 공덕을 갖추었거든
보살들이 이 가운데 머물게 하여
이 가르침으로 수승한 대장부가 되게 하도다.

발심주에서 더 수승한 법에 나아가는 길은 일체 공덕을
구족한 세간의 주인이며 큰 힘을 가진 주인이신 부처님의 경
계에 머무는 것이다. 이 가르침으로 수승한 대장부가 된다.

무 량 무 변 제 불 소
無量無邊諸佛所에

실 득 왕 예 이 친 근
悉得往詣而親近하야

상 위 제 불 소 섭 수
常爲諸佛所攝受일새

여 시 교 령 불 퇴 전
如是敎令不退轉이로다

한량없고 그지없는 부처님들께
모두 다 나아가서 친근하고
항상 부처님이 섭수하심을 받으며
이와 같이 가르쳐서 퇴전하지 않게 하네.

발심주에서 더 수승한 법에 나아가는 또 하나의 길은 일
체 모든 부처님께 나아가서 친근하고 항상 부처님의 섭수하
심을 받아서 퇴전하지 않는 것이다.

소 유 적 정 제 삼 매
所有寂靜諸三昧를

실 개 연 창 무 유 여
悉皆演暢無有餘하야

위 피 보 살 여 시 설
爲彼菩薩如是說일새

이 차 영 기 불 퇴 전
以此令其不退轉이로다

고요하고 적정한 모든 삼매를
모두 다 연설하여 남음이 없고
보살들을 위하여 이와 같이 설법하여
이것으로 퇴전하지 않게 하더라.

더 수승한 법에 나아가는 또 하나의 길은 모든 보살들을
위하여 선정과 삼매를 모두 설하여 결코 퇴전하지 않게 하
는 것이다. 십신으로부터 십주에 들어가면 확고한 지위를 얻
어서 물러서지 않는다. 이것이 곧 처음 발심하였을 때에 곧
정각을 이룬다는 이치이다.

초발심의 수승함을 밝힌 대반열반경의 글이 있어 인용한다.

발심필경이불별發心畢竟二不別

여시이심선심난如是二心先心難

자미득도선도타自未得度先度他

시고아례초발심是故我禮初發心

초발이위천인사初發以爲天人師

초승성문급연각超勝聲聞及緣覺

처음 발심한 것과 마지막 성불이 둘이 다른 것이 아니지만

이와 같은 두 가지 마음 중에 발심이 어려우니라.

자신은 아직 제도를 얻지 못했으나 다른 사람을 먼저 제
도하나니

그러므로 나는 처음 발심한 사람에게 예배합니다.

처음 발심하면 이미 천신과 인간의 스승이 되나니

성문과 연각보다 훨씬 수승하니라.

최 멸 제 유 생 사 륜　　　전 어 청 정 묘 법 륜
摧滅諸有生死輪하고　轉於淸淨妙法輪하야

일 체 세 간 무 소 착　　　위 제 보 살 여 시 설
一切世間無所着일새　爲諸菩薩如是說이로다

모든 갈래에서 생사에 헤매는 일 없애 버리고

청정하고 묘한 법륜 굴려 가면서

일체 세간에 조금도 집착이 없어

모든 보살을 위하여 이와 같이 설하네.

보다 더 수승한 법에 나아가는 또 하나의 길이다. 모든
갈래, 즉 육도에서 생사 윤회하는 것을 모두 소멸하여 초월
하고 나서 화엄경이라는 청정한 미묘 법륜을 굴린다. 그와
같은 경지라면 일체 세속적인 삶에 무슨 집착이 있겠는가.
모든 보살들을 위하여 이와 같이 설법한다.

일 체 중 생 타 악 도　　　무 량 중 고 소 전 박
一切衆生墮惡道하야　無量重苦所纏迫에

여 작 구 호 귀 의 처　　　위 제 보 살 여 시 설
與作救護歸依處일새　爲諸菩薩如是說이로다

일체 중생이 악도에 떨어져서

한량없는 고통에 얽혀 있거늘

그들을 구호하고 귀의할 곳이 되도록

모든 보살을 위하여 이와 같이 설하도다.

부처님의 화두는 늘 고통 받는 중생이다. 일체 보살의 화두도 또한 고통 받는 중생이다. 그러므로 열심히 정진하고 공부하여 그들의 귀의처가 되는 것이 발심의 이유이다.

(14) 발심주를 모두 맺다

차 시 보 살 발 심 주
此是菩薩發心住에

일 향 지 구 무 상 도
一向志求無上道니

여 아 소 설 교 회 법
如我所說教誨法하야

일 체 제 불 역 여 시
一切諸佛亦如是로다

이것이 보살들의 발심주로서

한결같이 무상도無上道를 힘써 구하니

이렇게 내가 말한 가르치는 법

일체 모든 부처님도 또한 그러해.

보살의 십주 가운데 발심주가 가장 중요하므로 설명도 길다. 발심에 따르는 열 가지 법과 또 열 가지 힘과 그리고 갖가지 지혜가 모두 발심에 속한다. 또 보다 수승한 법에 나아가는 내용도 풍부하다. 보살들이 발심주로써 한결같이 무상도無上道를 힘써 구하기 때문이다. 이것은 비단 보살들만 설하는 것이 아니라 "일체 제불도 또한 이와 같다."라고 하였다.

2) 제2 치지주治地住

(1) 치지주의 법을 말하다

제 이 치 지 주 보 살　　　응 당 발 기 여 시 심
第二治地住菩薩은　　　應當發起如是心호대

시 방 일 체 제 중 생　　　원 사 실 순 여 래 교
十方一切諸衆生을　　　願使悉順如來教니

제2 치지주에 이른 보살은

마땅히 이와 같은 마음을 낼지니

시방의 일체 모든 중생들이

여래의 가르침을 따르게 되기를 원하리니.

치지주란 자기 자신을 잘 다스리는 지위이다. 자기 자신을 잘 다스리려면 시방의 일체 모든 중생이 여래의 가르침을 따르게 되기를 원하는 마음을 일으켜야 한다. 불교에는 참으로 훌륭한 가르침이 많건만 그것을 따르고 실천하려는 마음을 내는 사람은 보기 드물다. 불자들만이라도, 아니 출가한 전문 수행자들만이라도 여래의 가르침을 수순하는 분위기가 된다면 한국의 불교 상황은 달라질 것이다.

이 익 대 비 안 락 심
利益大悲安樂心과

안 주 연 민 섭 수 심
安住憐愍攝受心과

수 호 중 생 동 기 심
守護衆生同己心과

사 심 급 이 도 사 심
師心及以導師心이로다

이익하고 자비하고 안락한 마음과
안주하고 연민하고 섭수하는 마음과
내 몸같이 중생을 수호하는 마음과
스승의 마음과 도사의 마음이로다.

중생들이 수순해야 할 여래의 가르침의 마음이란 무엇인가. "이익하고 자비하고 안락한 마음과 안주하고 연민하고 섭수하는 마음과 내 몸같이 중생을 수호하는 마음과 스승의 마음과 도사의 마음"이다.

(2) 더 수승한 법에 나아가다

이 주 여 시 승 묘 심
已住如是勝妙心에

차 령 송 습 구 다 문
次令誦習求多聞하며

상 락 적 정 정 사 유
常樂寂靜正思惟하고

친 근 일 체 선 지 식
親近一切善知識하며

이와 같이 수승하고 묘한 마음에 머문 뒤에는

외우고 익혀서 많이 알도록

늘 즐겁고 고요하고 바르게 생각하며

일체의 선지식을 친근히 하도다.

십주위의 두 번째 지위다. 앞으로 끊임없이 더 수승한 법에 나아가야 한다. 앞에서 든 수승한 마음에 머문 뒤에는 부처님의 법문을 외우고 익혀서 많이 알아야 하며 적정과 바른 사유를 항상 즐기고 일체 선지식을 친근하여야 한다.

발 언 화 열 이 추 광
發言和悅離麤獷하고

언 필 지 시 무 소 외
言必知時無所畏하며

요 달 어 의 여 법 행
了達於義如法行하고

원 리 우 미 심 부 동
遠離愚迷心不動이로다

하는 말이 화평하여 거칠지 않고

때에 맞게 말함으로 두려움 없으며

이치를 알고 법도 있게 행을 닦아서

우매함을 여의고 마음은 동하지 않게 하도다.

　보살로서 중생을 교화하려면 말씨가 좋아야 한다. 특히
대중을 상대로 설법을 하는 자리라면 표준말을 사용해야
하고 부드러운 말과 교양 있는 말과 자비와 겸손이 묻어나
는 말을 해야 한다. 그리고 시의적절하게 말하고 그 자리와
듣는 사람과 상황에 알맞은 말을 가려서 해야 한다. 특히 이
치에 맞는 진리의 말을 해야 한다. 사람이 사는 사회에서는
무엇보다 말이 중요하다. 그래서 불교에 입문하여 맨 먼저

배우는 경전인 천수경의 첫 구절이 말을 조심해서 하고 길상한 말을 하라는 가르침이다. "말 한마디로 천 냥 빚을 갚는다."라는 말이 그냥 있는 것이 아니다.

(3) 치지주를 모두 맺다

차 시 초 학 보 리 행
此是初學菩提行이니

능 행 차 행 진 불 자
能行此行眞佛子라

아 금 설 피 소 응 행
我今說彼所應行하노니

여 시 불 자 응 근 학
如是佛子應勤學이어다

이것이 처음 배우는 보리행이니

이렇게 행하는 이라야 진정한 불자니라.

그들이 꼭 행할 일을 내가 지금 말하니

이와 같은 것을 불자들은 응당히 부지런히 배울지니라.

보살이 처음 배우는 보리행이란 깨달음의 수행이며 지혜와 자비의 실천행이다. 이와 같은 수행이 있어야 참다운 불자다. 보살행을 하는 사람들이 응당히 실천해야 할 것을 법혜法慧보살이 모두 설법한다. "이와 같은 것을 불자들은 응당히 부지런히 배울지니라." 이것이 치지주의 결론이다.

3) 제3 수행주修行住

(1) 수행주의 법을 말하다

제 삼 보 살 수 행 주
第三菩薩修行住는   당 의 불 교 근 관 찰
當依佛敎勤觀察

제 법 무 상 고 급 공
諸法無常苦及空과   무 유 아 인 무 동 작
無有我人無動作과

제3은 보살들의 수행주이니

부처님의 교법대로 관찰하여라.

모든 법이 무상하고 괴롭고 공하며

나[我]도 없고 남[人]도 없고 지음도 없네.

불교적 관점에서 세상과 인생을 보는 기본 견해다. 이와
같은 기본 견해가 확립되어야 비로소 수행을 한다고 할 수
있다. 제행무상, 제법무아, 무인, 무작, 일체개고, 일체개공
이다. 인생과 세상을 보는 데 이와 같은 견해를 장착하지 못

했으므로 출가 수행자가 되었으나 마음은 항상 부귀공명과 득실시비의 늪에 빠져 허우적거리게 된다.

일 체 제 법 불 가 락
一切諸法不可樂과

무 여 명 자 무 처 소
無如名字無處所와

무 소 분 별 무 진 실
無所分別無眞實이니

여 시 관 자 명 보 살
如是觀者名菩薩이로다

일체 모든 법은 하나도 즐겁지 않고
이름과도 같지 않고 처소도 없어
분별할 것도 없고 진실도 없나니
이와 같이 보는 이를 보살이라 하네.

또 모든 법은 즐겁지 않고 이름과 같지 않고 처소가 없으며 분별도 없고 진실도 없다. 이와 같이 세상과 인생을 보는 사람은 진실한 수행자다. 만약 이와 같은 견해가 없다면 그는 가짜다. 마치 전쟁터에 나가는 병사가 무기를 지녀야 하듯 이와 같은 견해는 수행자가 반드시 지녀야 할 무기다. 마음에 늘 장착하고 있어야 한다. 수행주의 법이란 이와 같다.

(2) 더 수승한 법에 나아가다

차 령 관 찰 중 생 계
次令觀察衆生界하고

급 이 권 관 어 법 계
及以勸觀於法界하며

세 계 차 별 진 무 여
世界差別盡無餘하야

어 피 함 응 근 관 찰
於彼咸應勤觀察하며

그 다음에는 중생계를 관찰하게 하고
온 법계를 관찰하도록 권할 것이니
세계의 모든 차별 남음이 없이
모두 다 부지런히 관찰하여라.

수행주에서 더 수승한 법으로 나아가는 길은 중생계나
법계나 온갖 세계의 차별에 남음이 없도록 그 현상과 실상
을 끝까지 관찰하는 것이다.

시 방 세 계 급 허 공
十方世界及虛空에

소 유 지 수 여 화 풍
所有地水與火風과

욕 계 색 계 무 색 계
欲界色界無色界를

실 권 관 찰 함 령 진
悉勸觀察咸令盡이니

시방세계와 허공계와

모든 지수화풍地水火風과

욕계와 색계와 무색계까지

낱낱이 관찰하여 다하게 하라.

또 시방세계와 허공계와 지수화풍地水火風과 욕계와 색계와

무색계까지 그 현상과 실상을 끝까지 다 관찰하는 것이다.

관 찰 피 계 각 차 별
觀察彼界各差別과

급 기 체 성 함 구 경
及其體性咸究竟하야

득 여 시 교 근 수 행
得如是敎勤修行이

차 즉 명 위 진 불 자
此則名爲眞佛子로다

저 세계가 각각 차별한 것과

자체의 성품을 끝까지 다 관찰하여

이와 같은 가르침을 부지런히 수행한다면

이를 일러 진실한 불자라 하리.

일체 존재와 세계의 각각 차별과 체성을 관찰해서 그 현

상과 본질을 궁구하여 마친다. 이와 같은 가르침을 얻어 부지런히 수행하는 것이 참다운 불자다.

4) 제4 생귀주生貴住

(1) 생귀주의 법을 말하다

제 사 생 귀 주 보 살
第四生貴住菩薩은   종 제 성 교 이 출 생
從諸聖敎而出生이라

요 달 제 유 무 소 유
了達諸有無所有하야   초 과 피 법 생 법 계
超過彼法生法界로다

제4 생귀주에 이른 보살은

성인聖人의 교법으로부터 태어나

모든 갈래[諸有]가 없는 줄을 분명히 알고

그 법을 뛰어넘어 법계에 태어나도다.

생귀주란 부처님의 자식인 귀족으로 태어나는 지위다. 부처님의 자식으로 태어난다는 것은 부처님의 가르침으로부터 철저히 새로운 사람으로 태어난다는 뜻이다. 그것은 곧 장

소나 지역이나 처소가 아니다. 그러므로 인간 세상도 천상도 아니다. 그는 부처님의 가르침에 의해서 지옥과 아귀와 축생과 인간과 천신과 아수라 등 모든 갈래[諸有]가 없는 줄을 분명히 알기 때문에 그 법, 즉 육도가 실재한다는 법을 뛰어넘어 진리의 세계[法界]에 태어나 진리로 살 뿐이다. 그것이 귀족으로 태어난 생귀주의 보살이다.

신 불 견 고 불 가 괴　　　관 법 적 멸 심 안 주
信佛堅固不可壞하고　　**觀法寂滅心安住**하며

수 제 중 생 실 요 지　　　체 성 허 망 무 진 실
隨諸衆生悉了知　　　**體性虛妄無眞實**이로다

불법을 믿음이 견고하여 파괴될 수 없고
일체 법의 적멸성을 관찰하여 마음이 편안하며
모든 중생들을 따라서 자체 성품이
허망하여 진실함이 없는 줄 분명히 알도다.

부처님의 자식인 귀족으로 태어나는 지위의 생귀주의 법은 첫째 불법을 믿음이 견고하여 파괴될 수 없어야 하고 그리고 일체 법과 일체 존재의 본성이 적멸하다는 것을 관찰하면 그 마음이 편안하다. 또 중생의 공성과 중생의 본래 불성을 분명히 알면 비로소 귀족으로 태어남이 된다.

세 간 찰 토 업 급 보
世間刹土業及報와

생 사 열 반 실 여 시
生死涅槃悉如是하니

불 자 어 법 여 시 관
佛子於法如是觀하야

종 불 친 생 명 불 자
從佛親生名佛子로다

세간과 세계와 국토와 업과 과보와
생사와 열반이 모두 이와 같으니
불자가 법에 대하여 이와 같이 관찰하면
부처님에게서 태어났으므로 불자라 하네.

세간과 세계와 국토도 자체 성품이 없어 허망하여 진실하지 아니하며 업과 과보와 생사와 열반도 자체 성품이 없어 허망하여 진실하지 아니하다. 불자가 법에 대하여 이와 같이 관찰하면 부처님에게서 태어났으므로 진정한 불자라 한다.

(2) 더 수승한 법에 나아가다

과 거 미 래 현 재 세
過去未來現在世에

기 중 소 유 제 불 법
其中所有諸佛法을

요 지 적 습 급 원 만
了知積習及圓滿하야

여 시 수 학 영 구 경
如是修學令究竟이로다

과거 세상, 미래 세상, 현재 세상에

거기 있는 여러 가지 부처님 법을

잘 배워서 익히고 원만히 하며

이와 같이 닦고 배워 성취케 하네.

생귀주에서 더 수승한 법에 나아가는 길은 어느 한 시대의 불법만을 배우고 익히는 것이 아니라 과거 미래 현재의 모든 불법을 낱낱이 배워서 끝까지 성취하는 것이다. 보살이 중생을 교화하는 데는 옛것만 알아서는 안 된다. 현대의 지식도 갖춰야 하고 미래의 세상도 예측하면서 세상을 선도해야 한다.

삼 세 일 체 제 여 래
三世一切諸如來를

능 수 관 찰 실 평 등
能隨觀察悉平等이라

종 종 차 별 불 가 득　　　　여 시 관 자 달 삼 세
種種差別不可得이니　　**如是觀者達三世**로다

과거 미래 현재의 모든 여래를

따라서 관찰하니 모두 다 평등하여

여러 가지 차별을 얻을 수 없어

이와 같이 살펴보고 삼세를 통달하네.

과거 미래 현재의 여래를 관찰하니 모두가 평등하다는
것은 어느 때의 깨달음이라 하더라도 그 깨달음이 진실하다
면 평등하여 차별이 없다는 뜻이다. 생귀주만 하더라도 삼
세 여래의 평등한 경지를 관찰하여야 한다.

(3) 생귀주를 찬탄하다

여 아 칭 양 찬 탄 자　　　　차 시 사 주 제 공 덕
如我稱揚讚歎者는　　**此是四住諸功德**이니

약 능 의 법 근 수 행　　　　속 성 무 상 불 보 리
若能依法勤修行하면　　**速成無上佛菩提**로다

나와 같이 칭양하고 찬탄한 것은

이것이 제4주의 모든 공덕이니
만약 능히 법을 의지하여 부지런히 수행하면
가장 높은 부처님의 보리 이루리.

제4주에서 찬탄한 법을 의지하여 부지런히 수행하면 가장 높은 부처님의 깨달음을 빨리 이루게 될 것이다. 십주위가 하나하나 중요하지만 부처님과 같은 귀족의 자식으로 태어나게 된다는 생귀주는 그 이름만으로도 환희심이 솟구치는 지위이다.

5) 제5 구족방편주具足方便住

(1) 구족방편주의 법을 말하다

종 차 제 오 제 보 살
從此第五諸菩薩을

설 명 구 족 방 편 주
說名具足方便住니

심 입 무 량 교 방 편
深入無量巧方便하야

발 생 구 경 공 덕 업
發生究竟功德業이로다

이로부터 다섯째 보살지위를

구족방편주라 이름하나니
한량없는 공교한 방편에 깊이 들어
구경의 공덕업을 발생하였네.

　제5 구족방편주는 부처님과 같이 자리이타自利利他의 방
편행을 갖추어 상모相貌까지도 결함이 없는 지위다. 한량없
는 공교한 방편에 깊이 들어 구경의 공덕업을 발생한다. 즉
불교의 8만4천 수행 방편은 모두가 공덕을 닦는 방편이며
구경의 공덕업은 곧 성불의 경지다.

　신라 선덕여왕 때 경주 석장사의 양지良志스님은 절을 짓
고 불상을 조성하는 등 불사를 많이 하였다. 그때 향가鄕歌
를 지어 불사를 위해 흙을 나르고 돌을 운반하는 사람들에
게 노래를 부르게 하였다.

　"오다 오다 오다.
　오다 서럽더라.
　서럽더라 우리네여.
　공덕 닦으러 오다."

이 네 구절의 다섯 낱말로 인생의 실상과 목적을 잘 설파하였다. 즉 과거 현재 미래를 통해서 인생은 계속 오지만 인생은 고해苦海며 그 고해는 누구에게나 꼭 같다. 그리고 고해에서의 삶의 목적은 공덕을 닦는 것이라는 의미를 담고 있다. 그렇다. 불교의 가르침은 오직 공덕을 닦는 방법이다.

보 살 소 수 중 복 덕　　　개 위 구 호 제 군 생
菩薩所修衆福德이　　**皆爲救護諸群生**이니

전 심 이 익 여 안 락　　　일 향 애 민 영 도 탈
專心利益與安樂하야　　**一向哀愍令度脫**이로다

보살이 닦아 모은 모든 복덕은
모두가 중생들을 구호하기 위함이라
마음을 오로지 이익하고 안락케 하여
한결같이 애민하며 도탈度脫함이라.

어느 날 세존께서 눈이 어두운 우바리존자를 대신해서 바늘귀를 꿰어 주는 작은 복도 먼저 짓고자 하였듯이 진정한 보살은 누구보다도 열심히 복을 짓는다. 그것은 모두가 중생들을 구호하기 위해서다. 오로지 중생들을 이익하고 안락하게 하기 위해서다. 항상 중생을 연민히 여기고 제도하여 해탈케 하기 위해서다. 그러므로 보살이 경제적인 복이 많아야 중생에게 돌아가는 혜택도 많다. 미혹한 중생은 돈이 많아도 가치 있게 사용할 줄 모른다. 복이 많다는 것은 보살에게 큰 방편이다.

위 일 체 세 제 중 난
爲一切世除衆難하고

인 출 제 유 영 환 희
引出諸有令歡喜하며

일 일 조 복 무 소 유
一一調伏無所遺하야

개 령 구 덕 향 열 반
皆令具德向涅槃이로다

일체 세상의 모든 재난을 덜어 없애고
제유諸有에서 끌어내어 환희케 하며
낱낱이 조복하여 빠뜨리지 않고
공덕을 갖추어서 열반을 얻게 하네.

구족방편주의 법은 끝없이 세상 중생들의 고통을 덜어주고 육도六道의 온갖 갈래에서 끌어내어 환희롭게 살도록

하는 것이다. 또 어느 한 중생도 빠뜨리지 않고 일체 공덕을
갖추어 끝내는 열반의 저 언덕에 이르게 하는 것이다.

(2) 더 수승한 법에 나아가다

일 체 중 생 무 유 변
一切衆生無有邊과

무 량 무 수 부 사 의
無量無數不思議와

급 이 불 가 칭 량 등
及以不可稱量等으로

청 수 여 래 여 시 법
聽受如來如是法이로다

일체 중생은 끝이 없으며
한량없고 수효 없고 부사의하며
또다시 일컬을 수 없고 헤아릴 수 없는데
여래의 이러한 법을 받아 지니네.

중생이 무수히 많다. 여래의 법도 그들 중생의 수와 같이
무수히 많다. 구족방편주에서 더 수승한 법에 나아가는 것
은 무수한 여래의 법으로 다시 무수한 중생들을 교화하는
것이다.

(3) 구족방편주를 찬탄하다

차 제 오 주 진 불 자
此第五住眞佛子가

성 취 방 편 도 중 생
成就方便度衆生이니

일 체 공 덕 대 지 존
一切功德大智尊이

이 여 시 법 이 개 시
以如是法而開示로다

이 제5주의 진실한 불자가

방편을 성취하여 중생을 제도함이라

일체 공덕 갖춘 큰 지혜의 어른이

이러한 법으로써 가르쳐 보이도다.

구족방편주에 이르면 진실한 불자가 된다. 왜냐하면 무수한 방편을 구족하여 일체 중생을 제도하기 때문이다. 이러한 법은 모든 공덕을 갖추신 큰 지혜의 어른, 곧 부처님께서 이와 같은 법을 열어 보이기 때문이다. 구족방편주의 보살은 부처님의 법대로 살고 부처님의 삶과 같이 산다.

6) 제6 정심주正心住

(1) 정심주의 법을 말하다

제 육 정 심 원 만 주
第六正心圓滿住는

어 법 자 성 무 미 혹
於法自性無迷惑하야

정 념 사 유 이 분 별
正念思惟離分別일새

일 체 천 인 막 능 동
一切天人莫能動이로다

제6 바른 마음이 원만한 지위는

모든 법의 성품에 의혹이 없고

바른 생각으로 사유하여 분별을 떠났으니

일체 천신과 인간이 흔들 수 없도다.

정심주正心住는 바른 마음이 원만한 자리에 머무는 보살
의 지위다. 그러므로 모든 법의 자체 성품을 꿰뚫어 보아 아
무런 의혹이 없다. 모든 법의 자체 성품에 아무런 의혹이 없
으므로 바른 생각, 바른 사유로 인하여 차별과 분별을 다
떠났다. 사람이 정직하고 올바른 마음을 가지고 올바른 생
각만 한다면 누가 그를 흔들 수 있겠는가.

(2) 더 수승한 법에 나아가다

문 찬 훼 불 여 불 법
聞讚毀佛與佛法과

보 살 급 이 소 행 행
菩薩及以所行行과

중 생 유 량 약 무 량
衆生有量若無量과

유 구 무 구 난 이 도
有垢無垢難易度와

부처님과 부처님의 법을 찬탄하고 훼방함을 듣거나

보살과 보살의 행을 찬탄하고 훼방함을 듣거나

중생이 한량 있고 한량없다 함을 듣거나

번뇌가 있다 없다거나, 제도하기 쉽다 어렵다 함을 듣거나

정심주의 법이란 불법 가운데 마음이 안정되어 흔들리지 않는 것이다. 예컨대 부처님과 부처님의 법을 찬탄하기도 하고 훼방하기도 할 경우 정심주의 보살은 불법 가운데 마음이 안정되어 결코 흔들리지 않는다. 또 보살과 보살행을 찬탄하고 훼방도 할 경우 보살은 불법 가운데 마음이 안정되어 흔들리지 않는다. 또 중생의 유량과 무량과 번뇌의 유무와 중생 제도의 쉽고 어려움에 대해서도 역시 불법 가운데 마음이 안정되어 흔들리지 않는다.

한국은 다종교 사회이다 보니 이웃 종교인들이 불교를

헐뜯고 훼방하고 심지어 신앙의 대상인 불상을 훼손하는 경우가 자주 있다. 또 자신들의 모임에서 어느 어느 사찰 무너져라 부르짖기도 한다. 그럴 때마다 가슴이 찢어지는 듯 아프다. 그들을 상해할 수도 없고 전쟁을 일으킬 수도 없다. 불법에 대해서는 더욱 애착이 가지만 마음은 크게 흔들린다. 화가 나고 미움이 솟구친다. 이럴 때 어떻게 해야 하는가? 아직 그 해답을 찾지 못하였다.

법 계 대 소 급 성 괴
法界大小及成壞와

약 유 약 무 심 부 동
若有若無心不動하야

과 거 미 래 금 현 재
過去未來今現在에

체 념 사 유 항 결 정
諦念思惟恒決定이로다

법계가 크다 작다, 이뤄지고 파괴된다,
있다 없다 함을 들어도 마음이 흔들리지 않고
과거 미래 현재에
자세히 생각하고 사유해서 항상 결정되었도다.

정심주의 보살은 또 법계가 크다 작다, 이뤄지고 무너진다, 법계가 있다 없다 함을 듣고도 불법 가운데 마음이 결정되어 흔들리지 않는다. 이와 같은 사실을 과거 미래 현재를 통해서 자세히 사유하여 마음이 결정되어 흔들리지 않는다. 그러므로 정심은 어떤 경우에도 흔들리지 않는 평정심이다.

일 체 제 법 개 무 상
一切諸法皆無相이며

무 체 무 성 공 무 실
無體無性空無實이며

여 환 여 몽 이 분 별
如幻如夢離分別이니

상 락 청 문 여 시 의
常樂聽聞如是義로다

일체 모든 법이 모두 형상이 없고
실체도 없고 성품도 없고 공하여 진실하지 않아
환영과 같고 꿈과 같고 분별없나니
이런 뜻 항상 듣기 좋아하도다.

또 정심주의 보살은 일체 법을 공성空性으로 보아야 한다. 일체가 형상이 없으며, 실체가 없으며, 성품이 없으며, 공하여 진실이 없으며, 환영과 같고 꿈과 같이 보아야 한다. 이와 같은 뜻에 대한 설법 듣기를 즐겨 하여야 한다. 그래야 어떤 경우라도 평정심을 굳게 지킬 수 있다.

7) 제7 불퇴주不退住

(1) 불퇴주의 법을 말하다

제 칠 불 퇴 전 보 살
第七不退轉菩薩은　　**於佛及法菩薩行**의
　　　　　　　　　　　어 불 급 법 보 살 행

약 유 약 무 출 불 출
若有若無出不出에　　**雖聞是說無退動**이니
　　　　　　　　　　　수 문 시 설 무 퇴 동

제7 불퇴주에 이른 보살은

부처님과 불법과 보살과 보살행이

있다 없다, 벗어난다 벗어나지 못한다,

비록 이런 말을 들어도 퇴전함이 없느니라.

불퇴주의 보살은 어떤 상황에서도 불법 가운데서 마음이
퇴전하지 않는다. 이를테면 부처님과 불법과 보살과 보살행
이 있다거나 없다거나, 수행을 통해서 생사에서 벗어난다 벗
어나지 못한다 하는 말을 듣고도 불법 가운데서 마음이 퇴

전하지 않는다. 출가한 수행자나 일반 불자들 중에 가끔 불법 중에 마음이 퇴전하는 사람을 본다. 불법보다 더 나은 어떤 법이 있어서일까? 이와 같은 화엄경에 맛을 들인다면 퇴전할 까닭이 없다.

과 거 미 래 현 재 세
過去未來現在世에

일 체 제 불 유 여 무
一切諸佛有與無와

불 지 유 진 혹 무 진
佛智有盡或無盡과

삼 세 일 상 종 종 상
三世一相種種相이로다

과거 미래 현재 세상에
일체 모든 부처님이 있다거나 없다거나,
부처님 지혜가 다한다 다하지 않는다,
삼세가 한 모양이다 여러 모양이다.

역시 불퇴주의 법이다. 부연하면 삼세 일체 부처님이 있다거나 없다거나, 부처님의 지혜가 다한다거나 다하지 않는다거나, 삼세가 한 모양이라거나 가지가지 모양이라거나 하는 말을 듣고도 불법 가운데 마음이 퇴전하지 않는 것이다.

신심이 깊어서 불법에 환희심을 일으키는 사람은 모든 이치를 잘 알기 때문에 다른 사람이 무엇이라 하든 그 마음이 퇴전하지 않는다.

(2) 더 수승한 법에 나아가다

일 즉 시 다 다 즉 일
一卽是多多卽一과

문 수 어 의 의 수 문
文隨於義義隨文이여

여 시 일 체 전 전 성
如是一切展轉成을

차 불 퇴 인 응 위 설
此不退人應爲說하며

하나가 여럿이고 여럿이 하나며
글이 뜻을 따르고 뜻이 글을 따르는
이와 같이 일체가 되풀이하여 이뤄지는 일
이 불퇴주의 보살에게 응당 위하여 말하느니라.

불퇴주의 보살이 더 수승한 법에 나아가려면 응당히 배워야 할 법이 있다. 곧 하나가 여럿이고 여럿이 하나며, 글이 뜻을 따르고 뜻이 글을 따르는 등 이와 같이 일체가 전전히 이뤄지는 이치를 배우는 것이다.

약 법 유 상 급 무 상
若法有相及無相과

약 법 유 성 급 무 성
若法有性及無性의

종 종 차 별 호 상 속
種種差別互相屬을

차 인 문 이 득 구 경
此人聞已得究竟이로다

예컨대 법이 모양이 있음이 모양이 없음이고

법의 성품이 있음이 성품이 없음이다.

가지가지 차별을 서로서로 이어감을

이 사람이 듣고는 성취[究竟]함을 얻으리라.

역시 불퇴주의 보살이 배워야 할 것이다. 게송의 글은 제약이 있어서 넉넉하게 표현하지 못하였다. 그래서 장문長文을 이끌어서 쉽게 부연하여 번역하였다. 법이 모양이 있음이 곧 없음이고, 법의 성품이 있음이 곧 없음이라는 이치를 응당히 배워야 한다는 것이다. 달리 표현하면 색이 곧 공이고 공이 곧 색이라는 이치를 응당 배워야 한다는 것이다.

8) 제8 동진주童眞住

(1) 동진주의 법을 말하다

제 팔 보 살 동 진 주
第八菩薩童眞住는

신 어 의 행 개 구 족
身語意行皆具足하며

일 체 청 정 무 제 실
一切淸淨無諸失하야

수 의 수 생 득 자 재
隨意受生得自在로다

제8 보살의 동진주는

몸과 말과 뜻으로 행하는 일이 모두 구족하며

일체가 청정하여 잘못 없으며

마음대로 태어나서 자재하도다.

'동진'에는 어리다, 청정하다, 천진난만하다, 순수하다, 깨끗하다 등등의 뜻이 있다. 제8 동진주의 보살도 그와 같아서 신구의 삼업 일체가 아무런 결손이 없고 때가 없어 청정하다. 그래서 태어나는 것도 마음대로 태어난다.

지 제 중 생 심 소 락
知諸衆生心所樂과

종 종 의 해 각 차 별
種種意解各差別과

급 기 소 유 일 체 법
及其所有一切法과

시 방 국 토 성 괴 상
十方國土成壞相이로다

중생들의 마음에 좋아하는 일과

가지가지 이해와 각각의 차별과

있는 바의 일체 법과

시방 국토의 이뤄지고 무너짐을 모두 다 아느니라.

동진주에 머문 보살은 중생들이 무엇을 좋아하는지를
다 안다. 가지가지의 이해가 각각 차별한 것도 다 안다. 또
한 일체 법이 이뤄지고 무너지는 것도 다 안다. 즉 세상사와
인간사의 모든 흥망성쇠가 무엇 때문에 일어나는지를 다
안다.

체 득 속 질 묘 신 통
逮得速疾妙神通하야

일 체 처 중 수 념 왕
一切處中隨念往하며

어 제 불 소 청 문 법
於諸佛所聽聞法하고

찬 탄 수 행 무 해 권
讚歎修行無懈倦이로다

빠르고 묘한 신통 모두 다 얻고

일체 처 모든 곳에 뜻대로 다니며

여러 부처님들께 들은 법문을

찬탄하고 수행하여 게으르지 않도다.

　또 동진주에 머문 보살은 빠르고 묘한 신통도 얻고 모든
곳에 마음대로 다닌다. 무엇보다 부처님으로부터 들은 법
문을 찬탄하고 여법하게 수행하는 데 게으르지 않는다. 불
법에 깊은 신심이 있어서 경전의 훌륭한 가르침을 만나면 즐
거워하고 기뻐하여 많은 사람들과 나누고 싶어한다. 화엄
경의 선재동자가 그렇고 열반경의 설산동자가 그렇다.

(2) 더 수승한 법에 나아가다

요 지 일 체 제 불 국	진 동 가 지 역 관 찰
了知一切諸佛國하고	震動加持亦觀察하며

초 과 불 토 불 가 량	유 행 세 계 무 변 수
超過佛土不可量이요	遊行世界無邊數로다

일체 모든 국토를 분명히 알아

진동하고 가지加持하고 관찰도 하며

헤아릴 수 없는 세계 다 지나가서

수없는 여러 세계 다니느니라.

동진주의 보살이 마땅히 더 배워야 할 내용들이다. 모든 국토를 분명히 알고, 국토를 진동하며 가피도 내리고[加持], 관찰도 하는 것이다. 그래서 헤아릴 수 없이 많은 세계를 지나며 교화하러 다니는 것이다.

아 승 지 법 실 자 문　　소 욕 수 신 개 자 재
阿僧祇法悉諮問하고　**所欲受身皆自在**하며

언 음 선 교 미 불 충　　제 불 무 수 함 승 사
言音善巧靡不充하고　**諸佛無數咸承事**로다

아승지 부처님 법을 다 물어보고
뜻대로 받는 몸이 다 자재하며
음성이 교묘하고 두루 충만해
수없는 부처님을 섬겨 받드네.

동진주의 보살이 응당 배워야 할 점을 더 밝혔다. 무수한 불법을 물어서 이해하고 받아들이며, 변화가 자유자재한 몸을 나타내며, 광대하고 변만한 음성을 내어서 법을 설한다. 또 무량 무수 모든 부처님을 공양ㆍ공경ㆍ예배ㆍ찬탄하며 받들어 섬긴다.

9) 제9 법왕자주法王子住

(1) 법왕자주의 법을 말하다

제 구 보 살 왕 자 주
第九菩薩王子住는

능 견 중 생 수 생 별
能見衆生受生別하며

번 뇌 현 습 미 부 지
煩惱現習靡不知하고

소 행 방 편 개 선 료
所行方便皆善了로다

제9 법왕자주의 보살은

중생들의 태어나는 차별을 보고

번뇌와 현행現行, 습기習氣 모두 다 알고

행할 바 모든 방편 모두 잘 알도다.

법왕자주란 법왕의 아들이라는 뜻이다. 법왕의 장자가 되면 법왕이 하시는 일을 모두 물려받아 대신 법을 펼쳐야 하는 소임을 갖는다. 그래서 중생들의 태어나는 차별을 모두 보고 그들의 번뇌와 번뇌가 작용하여 펼쳐 보이는 모습과 다시 습기로 굳어지는 사실들을 다 알아야 한다. 또 그에 맞는 방편을 알아야 한다. 이것이 법왕자주의 보살이 할 일이다.

제 법 각 이 위 의 별
諸法各異威儀別과

세 계 부 동 전 후 제
世界不同前後際와

여 기 세 속 제 일 의
如其世俗第一義를

실 선 요 지 무 유 여
悉善了知無有餘로다

모든 법과 위의가 각각 다르고
세계의 다른 것과 앞뒤 시간과
세상의 모든 일과 제일의제第一義諦를
분명하게 잘 알아 남음이 없네.

법왕자주란 법왕의 아들이므로 법왕이 해야 할 일을 다 해야 한다. 모든 법이 각각 다른 점을 알고, 위의가 다른 점을 알고, 세계가 같지 않음과 세계의 시간성에 대해서도 알고, 세상의 일과 출세간의 일인 제일의제도 남김없이 다 알아야 한다.

(2) 더 수승한 법에 나아가다

법 왕 선 교 안 립 처
法王善巧安立處와

수 기 처 소 소 유 법
隨其處所所有法과

법 왕 궁 전 약 취 입
法王宮殿若趣入과

급 이 어 중 소 관 견
及以於中所觀見과

법왕의 선교방편과 법왕의 법도[安立處]와

처소에 따라서 있는 법과

법왕의 궁전에 나아가는 일과

법왕의 지위를 관찰함을 모두 잘 알도다.

법왕자주의 보살이 응당히 배워야 할 내용들을 열거하였다. 이와 같은 점을 더 배워야 더 수승한 법에 나아간다. 법왕의 선교방편과 법왕의 처신과 법왕의 궁전에 나아가는 법과 법왕의 지위가 어떤 것인가를 잘 관찰해야 한다.

법 왕 소 유 관 정 법
法王所有灌頂法과

신 력 가 지 무 겁 외
神力加持無怯畏와

연 침 궁 실 급 탄 예
宴寢宮室及歎譽어

이 차 교 조 법 왕 자
以此教詔法王子로다

법왕의 정수리에 물 붓는 법과

신력으로 가지하고 두려움 없음과

궁전에 주무심과 찬탄하는 일

이것으로 법왕자를 가르치도다.

법왕자주의 보살이 응당 배워야 할 법에는 정수리에 물
붓는 법[灌頂法]이 있다. 다음의 제10주가 곧 관정주이기 때문
이다. 법왕이 신력으로 가피하는 일과 법왕의 두려움 없음과
법왕이 궁전에서 주무심과 찬탄하는 일 등이다.

여 시 위 설 미 부 진
如是爲說靡不盡하야

이 령 기 심 무 소 착
而令其心無所着이니

어 차 요 지 수 정 념
於此了知修正念하면

일 체 제 불 현 기 전
一切諸佛現其前이로다

이와 같이 끝까지 말씀하셔서

그 마음에 집착이 없게 하나니
이런 것을 잘 알고 정념正念 닦으면
일체 부처님이 그 앞에 나타나시네.

법왕자주의 보살이 응당 배울 것을 다 배워서 더 수승한 법에 나아가는 이와 같은 것을 다 말씀하여 마음에 집착이 없게 한다. 이와 같은 것을 잘 알아 바른 기억을 닦으면 일체 부처님이 곧 앞에 나타나리라.

10) 제10 관정주灌頂住

(1) 관정주의 법을 말하다

제 십 관 정 진 불 자
第十灌頂眞佛子는

성 만 최 상 제 일 법
成滿最上第一法하야

시 방 무 수 제 세 계
十方無數諸世界를

실 능 진 동 광 보 조
悉能震動光普照로다

제10 관정주의 진실한 불자는
가장 높은 제일법을 만족하여서

시방의 무수한 모든 세계를
다 진동하고 밝은 광명으로 두루 비추도다.

관정주는 십주 중에서 가장 높은 지위다. 정수리에 사해의 물을 부어 주면서 사방을 잘 다스리라는 뜻과 같이 부처님의 지위에서 모든 중생들을 잘 가르쳐 교화하는 소임을 맡기는 지위다. 그래서 가장 높은 제일법을 만족하여 시방의 무수한 모든 세계를 다 진동하고 밝은 지혜의 광명으로 두루 비춘다.

주 지 왕 예 역 무 여
住持往詣亦無餘하고

청 정 장 엄 개 구 족
清淨莊嚴皆具足하며

개 시 중 생 무 유 수
開示衆生無有數하고

관 찰 지 근 실 능 진
觀察知根悉能盡이로다

머물러 지니고 나아감에 남음이 없으며
청정한 장엄들을 모두 갖추고
수없는 중생들에게 열어 보이며
관찰하여 근성根性 알아 모두 다했네.

또 관정주의 법은 무수한 세계에 머물러 있으면서 다시 무수한 세계 끝까지 나아간다. 즉 가고 머무름에 걸림 없이 자유롭다. 또한 무수한 세계를 청정하게 장엄하며, 무수한 중생에게 열어 보이며, 무수한 중생들의 근성을 다 알며, 무수한 중생을 다 관찰한다.

발 심 조 복 역 무 변　　함 령 취 향 대 보 리
發心調伏亦無邊하야　　咸令趣向大菩提하며

일 체 법 계 함 관 찰　　시 방 국 토 개 왕 예
一切法界咸觀察하야　　十方國土皆往詣로다

발심하고 조복함도 그지없어서
큰 보리에 향하여 나아가게 하고
일체 법계를 모두 다 관찰하면서
시방의 모든 국토에 다 나아가네.

관정주의 법은 무수한 중생에게 보리심을 발하게 하고 무수한 중생의 번뇌를 조복하게 한다. 또 무수한 중생을 큰 깨달음에 나아가게 한다. 또 일체 법계를 다 관찰하여 시방 국토에 다 나아간다.

기 중 신 급 신 소 작　　　신 통 변 현 난 가 측
其中身及身所作과　　**神通變現難可測**과

삼 세 불 토 제 경 계　　　내 지 왕 자 무 능 료
三世佛土諸境界를　　**乃至王子無能了**로다

그 가운데 있는 몸과 몸으로 짓는

신통과 변화함을 측량 못하며

삼세의 불국토 모든 경계를

법왕자 보살들도 알지 못하네.

　관정주의 보살은 몸과 몸의 업과 신통과 변화를 가히 측
량할 길이 없다. 그리고 이 보살의 삼세 불국토의 경계를 앞
의 법왕자주의 보살은 절대로 알지 못한다. 도가 같아야 가
히 알 수 있다.

(2) 더 수승한 법에 나아가다

일 체 견 자 삼 세 지
一切見者三世智와

어 제 불 법 명 료 지
於諸佛法明了智와

법 계 무 애 무 변 지
法界無礙無邊智와

충 만 일 체 세 계 지
充滿一切世界智와

일체 것을 다 보는 삼세의 지혜와

모든 부처님의 법을 분명하게 아는 지혜와

법계의 걸림 없고 끝없는 지혜와

일체 세계에 가득한 지혜와

조 요 세 계 주 지 지
照耀世界住持智와

요 지 중 생 제 법 지
了知衆生諸法智와

급 지 정 각 무 변 지
及知正覺無邊智를

여 래 위 설 함 령 진
如來爲說咸令盡이로다

세계를 다 비추는 지혜와 세계를 주지하는 지혜와

중생들과 모든 법을 아는 지혜와

정각正覺의 그지없음을 아는 지혜를

여래께서 위하여 끝까지 말씀하시네.

더 수승한 법에 나아가는 것은 이 보살의 지위에서 응당 배우기를 권하는 내용이다. 마지막 관정주의 보살이 응당 배워야 할 것을 앞의 경문을 그대로 인용하여 다시 살펴본다.

"불자여, 보살은 응당 모든 부처님의 열 가지 지혜를 배우기를 권할지니 무엇이 열 가지인가. 이른바 삼세의 지혜와, 불법의 지혜와, 법계의 걸림 없는 지혜와, 법계의 끝없는 지혜와, 일체 세계에 충만한 지혜와, 일체 세계를 널리 비추는 지혜와, 일체 세계에 머무는 지혜와, 일체 중생을 아는 지혜와, 일체 법을 아는 지혜와, 끝없는 모든 부처님을 아는 지혜이니라."

11) 십주十住를 모두 찬탄하다

여 시 십 주 제 보 살
如是十住諸菩薩이

개 종 여 래 법 화 생
皆從如來法化生이라

수 기 소 유 공 덕 행
隨其所有功德行하야

일 체 천 인 막 능 측
一切天人莫能測이로다

이와 같은 십주의 여러 보살은
여래의 법으로써 화생化生한 이들
그들의 가진 공덕 한 가지 행도
일체 천신이나 인간은 측량 못하리라.

처음 보리심을 낸 때가 곧 정각을 성취한 때라고 하였다.
그와 같은 발심주보살 지위로부터 마지막 관정주까지 모
두가 여래의 법으로써 화생化生한 보살들이다. 하나하나가
정각의 경지라고 보아야 하리라. 그러므로 일체 천신이나
인간은 결코 십주의 공덕이 얼마나 위대한가를 측량할 수
없다.

12) 발심주를 특별히 찬탄하다

과 거 미 래 현 재 세
過去未來現在世에

발 심 구 불 무 유 변
發心求佛無有邊이라

시 방 국 토 개 충 만
十方國土皆充滿하니

막 부 당 성 일 체 지
莫不當成一切智로다

과거 미래 현재 세상에
불도를 구하려 발심한 이가 끝이 없어서
시방 국토에 모두 충만하였으니
모두 다 마땅히 일체 지혜를 이루리라.

처음의 발심은 곧 정각이며 정각은 곧 처음의 발심이다. 그러므로 처음 발심한 공덕을 특별히 찬탄하지 않을 수 없다. 만약 불법을 구하기 위해서 발심을 하였다면 정각을 이루는 것은 이미 끝난 것이다. 마치 씨앗 속에 열매가 있고 열매는 곧 씨앗이 되는 이치와 같다. 다시 말하면 중생이 곧 부처며 부처가 곧 중생인 이치이다. 그래서 마음과 부처와 중생은 차별이 없다고 하였다.

연꽃을 불교의 꽃이라 한다. 왜냐하면 불법의 이치가 연꽃에 담겨 있기 때문이다. 꽃과 열매가 처음부터 함께 존재하는 것이 중생과 부처가 함께 존재하는 것과 같으며 처음 발심한 것이 곧 정각인 것과 같기 때문이다. 이치가 이와 같아서 과거 미래 현재 시방 국토에 충만한 무량 무수한 사람들 가운데 일체 지혜를 이루지 못할 이가 없다.

일 체 국 토 무 변 제　　　세 계 중 생 법 역 연
一切國土無邊際하고　　世界衆生法亦然하며

혹 업 심 락 각 차 별　　　의 피 이 발 보 리 의
惑業心樂各差別하니　　依彼而發菩提意로다

일체 국토가 끝이 없으며

세계와 중생과 법도 또한 그러하고

미혹과 업과 마음에 즐겨함도 각각 차별하니

그들을 위해 보리심을 처음 내었도다.

보리심을 처음 발하게 된 동기는 이와 같다. 즉 일체 국
토가 무량무변하며, 세계와 중생도 또한 무량무변한데, 미
혹도 무량무변하고 업도 무량무변하고 마음에 좋아하는 바
도 역시 무량무변하다. 이러한 사실에 의해서 자비심이 많은
보살은 발심하지 않을 수 없게 된 것이다.

시 구 불 도 일 념 심　　　세 간 중 생 급 이 승
始求佛道一念心을　　世間衆生及二乘이

사 등 상 역 불 능 지　　　하 황 소 여 공 덕 행
斯等尙亦不能知어든　　何況所餘功德行가

처음 불도를 구하려는 한 생각 마음을

세간의 중생들과 성문聲聞 연각緣覺도

이들은 오히려 능히 알지를 못하거늘

하물며 그 나머지 공덕이리오.

불교에서 공덕을 논할 때 처음 발심한 공덕을 제일로 친
다. 그래서 일반 중생이나 성문이나 연각과 같은 소승들은
그 공덕을 알지 못한다. 그러나 그것은 십주 중에서 초발심
주에 불과하다. 나머지 아홉 개 주의 공덕은 얼마나 많겠는
가. 편협한 마음의 소승들은 상상도 못할 것이다.

시 방 소 유 제 세 계   능 이 일 모 실 칭 거
十方所有諸世界를   **能以一毛悉稱擧**하면

피 인 능 지 차 불 자   취 향 여 래 지 혜 행
彼人能知此佛子의   **趣向如來智慧行**이로다

시방에 널려 있는 모든 세계를

털 하나로써 모두 다 들 수 있다면

그런 사람이라면 이 불자의

여래에게 향하는 지혜의 행을 능히 알리라.

　보통의 사람이나 성문이나 연각과 같은 이들이 처음 발심한 공덕과 지혜를 알지 못한다면 어떤 사람이 알 수 있을까. 시방 일체 세계를 털 하나로써 모두 다 들 수 있는 사람이라면 어쩌면 알 수 있을 것이다. 초발심의 공덕은 이와 같이 위대하다. 그래서 특별히 초발심주를 높이 찬탄하는 것이다.

시 방 소 유 제 대 해
十方所有諸大海를

실 이 모 단 적 령 진
悉以毛端滴令盡하면

피 인 능 지 차 불 자
彼人能知此佛子의

일 념 소 수 공 덕 행
一念所修功德行이로다

시방에 널려 있는 큰 바닷물을

모두 다 털끝으로 찍어내어 말린다 하면

그런 사람이라면 이 불자의

잠깐 동안 수행한 공덕을 알 수 있으리.

발심주의 공덕을 특별히 찬탄하면서 비유를 들어 밝혔다. 태평양 바닷물을 털끝으로 찍어서 다 없앨 수 없다. 그와 같이 초발심한 보살의 한순간의 수행 공덕은 결코 알 수 없다는 뜻이다. 진정한 발심은 참으로 어렵다는 것을 생각하게 한다.

일 체 세 계 말 위 진 　　　실 능 분 별 지 기 수
一切世界抹爲塵하고　　　悉能分別知其數하면

여 시 지 인 내 능 견 　　　차 제 보 살 소 행 도
如是之人乃能見　　　此諸菩薩所行道로다

일체 세계를 부수어 티끌 만들고
그 수효를 헤아려 알 수 있다면
이와 같은 사람이라면
이 보살들이 행하는 도를 능히 보리라.

진정으로 발심한 보살의 보살행을 보기란 참으로 어렵다는 것을 다시 비유를 들어 밝혔다. 어찌 일체 세계를 부수어 티끌을 만들 수 있으며, 설사 만들었다 하더라도 그 수효를

어떻게 다 알 수 있겠는가.

13) 발심수행에 대한 찬탄

거 래 현 재 시 방 불　　　　　일 체 독 각 급 성 문
去來現在十方佛과　　　**一切獨覺及聲聞**이

실 이 종 종 묘 변 재　　　　　개 시 초 발 보 리 심
悉以種種妙辯才로　　　**開示初發菩提心**이라도

과거 미래 현재의 시방의 부처님과

일체 독각이나 성문들까지

가지가지 미묘한 변재를 다해

처음 낸 보리심을 열어 보여도

부처님께서 출가하여 6년 고행하시고 보리수나무 밑에
서 비로소 정각을 이루시었다. 그 보리수나무 밑에 앉으신
채 깨달음의 내용을 남김없이 세상에 다 밝혀 보이시는 설법
이 곧 이 화엄경이다. 화엄경은 믿음과 이해와 실천과 증득
이라는 순서로 설해졌다. 먼저 보광명전에서 믿음에 대한 설

법이 끝나고 다음으로 처음 깨달음을 이루신 보리수나무 밑을 떠나지 않으신 채로 수미산에 오르셔서 십주법문을 설하셨다. 그 십주법문의 설법이 이로써 끝을 맺는다.

발 심 공 덕 불 가 량
發心功德不可量이라

충 만 일 체 중 생 계
充滿一切衆生界하니

중 지 공 설 무 능 진
衆智共說無能盡이어든

하 황 소 여 제 묘 행
何況所餘諸妙行가

초발심한 공덕은 헤아릴 수 없어

일체의 중생세계에 가득찼나니

온갖 지혜로 말해도 다하지 못하거든

하물며 그 나머지 여러 묘한 행行이랴.

십주법문 중에서 처음 발심에 대한 법이 얼마나 중요하고 그 공덕이 또한 얼마나 대단한가를 거듭 밝히면서 끝을 맺는다. 시방과 삼세의 모든 부처님과 성문과 연각들까지 미묘한 변재로써 설명한다 하더라도 처음 발심한 공덕을 설명할 수 없다고 하였다. 또 초발심한 공덕은 헤아릴 수 없이 많아 일체 중생세계에 가득찼다고 하였다. 초발심의 공덕도 그와 같은데 하물며 그 외 다른 법과 다른 공덕이야 얼마나 많겠는가. 깊이 또 깊이 새겨 우러러 배워야 할 것이다.

십주품 끝

〈제16권 끝〉

華嚴經 構成表

分次	周次		內容	品數	會次
舉果勸樂生信分 (信)	所信因果周		如來依正	世主妙嚴品 第一 如來現相品 第二 普賢三昧品 第三 世界成就品 第四 華藏世界品 第五 毘盧遮那品 第六	初會
修因契果生解分 (解)	差別因果周	差別因	十信	如來名號品 第七 四聖諦品 第八 光明覺品 第九 菩薩問明品 第十 淨行品 第十一 賢首品 第十二	二會
			十住	昇須彌山頂品 第十三 須彌頂上偈讚品 第十四 十住品 第十五 梵行品 第十六 初發心功德品 第十七 明法品 第十八	三會
			十行	昇夜摩天宮品 第十九 夜摩天宮偈讚品 第二十 十行品 第二十一 十無盡藏品 第二十二	四會
			十廻向	昇兜率天宮品 第二十三 兜率宮中偈讚品 第二十四 十廻向品 第二十五	五會
			十地	十地品 第二十六	六會
			等覺	十定品 第二十七 十通品 第二十八 十忍品 第二十九 阿僧祇品 第三十 如來壽量品 第三十一 菩薩住處品 第三十二	七會
		差別果	妙覺	佛不思議法品 第三十三 如來十身相海品 第三十四 如來隨好光明功德品 第三十五	
	平等因果周	平等因		普賢行品 第三十六	
		平等果		如來出現品 第三十七	
托法進修成行分 (行)	成行因果周		二千行門	離世間品 第三十八	八會
依人證入成德分 (證)	證入因果周		證果法門	入法界品 第三十九	九會

會場	放光別	會主	入定別	說法別擧
菩提場	遮那放齒光眉間光	普賢菩薩爲會主	入毘盧藏身三昧	如來依正法
普光明殿	世尊放兩足輪光	文殊菩薩爲會主	此會不入定·信未入位故	十信法
忉利天宮	世尊放兩足指光	法慧菩薩爲會主	入無量方便三昧	十住法門
夜摩天宮	如來放兩足趺光	功德林菩薩爲會主	入菩薩善思惟三昧	十行法門
兜率天宮	如來放兩膝輪光	金剛幢菩薩爲會主	入菩薩智光三昧	十廻向法門
他化天宮	如來放眉間毫相光	金剛藏菩薩爲會主	入菩薩大智慧光明三昧	十地法門
再會普光明殿	如來放眉間口光	如來爲會主	入刹那際三昧	等妙覺法門
三會普光明殿	此會佛不放光·表行依解法依解光故	普賢菩薩爲會主	入佛華莊嚴三昧	二千行門
祇陀園林	放眉間白毫光	如來善友爲會主	入獅子頻申三昧	果法門

如天 無比

1943년 영덕에서 출생하였다. 1958년 출가하여 덕흥사, 불국사, 범어사를 거쳐 1964년 해인사 강원을 졸업하고 동국역경연수원에서 수학하였다. 10여 년 선원생활을 하고 1976년 탄허 스님에게 화엄경을 수학하고 전법, 이후 통도사 강주, 범어사 강주, 은해사 승가대학원장, 대한불교조계종 교육원장, 동국역경원장, 동화사 한문불전승가대학원장 등을 역임하였다.

2018년 5월에는 수행력과 지도력을 갖춘 승랍 40년 이상 되는 스님에게 품서되는 대종사 법계를 받았다. 현재 부산 문수선원 문수경전연구회에서 150여 명의 스님과 300여 명의 재가 신도들에게 화엄경을 강의하고 있다. 또한 다음 카페 '염화실'(http://cafe.daum.net/yumhwasil)을 통해 '모든 사람을 부처님으로 받들어 섬김으로써 이 땅에 평화와 행복을 가져오게 한다.'는 인불사상人佛思想을 펼치고 있다.

저서로 『무비 스님의 유마경 강설』(전 3권), 『대방광불화엄경 실마리』, 『무비 스님의 왕복서 강설』, 『무비 스님이 풀어 쓴 김시습의 법성게 선해』, 『법화경 법문』, 『신금강경 강의』, 『직지 강설』(전 2권), 『법화경 강의』(전 2권), 『신심명 강의』, 『임제록 강설』, 『대승찬 강설』, 『당신은 부처님』, 『사람이 부처님이다』, 『이것이 간화선이다』, 『무비 스님과 함께하는 불교공부』, 『무비 스님의 증도가 강의』, 『일곱 번의 작별인사』, 무비 스님이 가려 뽑은 명구 100선 시리즈(전 4권) 등이 있고 편찬하고 번역한 책으로 『화엄경(한글)』(전 10권), 『화엄경(한문)』(전 4권), 『금강경 오가해』 등이 있다.

대방광불화엄경 강설 제16권

| 초판 1쇄 발행_ 2014년 12월 24일
| 초판 3쇄 발행_ 2021년 6월 15일

| 지은이_ 여천 무비(如天 無比)
| 펴낸이_ 오세룡
| 편집_ 박성화 손미숙 유나리
| 기획_ 최은영 곽은영
| 디자인_ 고혜정 김효선 장혜정
| 홍보 마케팅_ 이주하
| 펴낸곳_ 담앤북스
　　　　서울특별시 종로구 새문안로3길 23 경희궁의 아침 4단지 805호
　　　　대표전화 02)765-1251 전송 02)764-1251 전자우편 damnbooks@hanmail.net
　　　　출판등록 제300-2011-115호
| ISBN 978-89-98946-41-8 04220

정가 14,000원